Keyword Planner 2020 oder

Sind Sie der nächste Bill Gates?

„Nicht der Mangel an Geld ist das Hindernis. Es ist der Mangel an Ideen!"

Vorwort

Sie wollten immer schon ein eigenes, profitables Geschäft – ein Nebengeschäft - mit möglichst wenig Aufwand betreiben?
Wussten aber bisher nicht, wie Sie die Sache angehen sollen?
Dann habe ich dieses Buch für Sie geschrieben.

Hier bekommen Sie eine Sammlung erfolgreicher Online Marketing Ideen und Tipps in einem Paket geliefert.
Lesen Sie dieses Buch, studieren Sie es genau und holen Sie sich die Geschäftsideen heraus, mit denen Sie Ihr erfolgreiches Onlinegeschäft starten wollen.

Dieses Buch wurde jedoch nicht nur für Einsteiger geschrieben. Es enthält eine Menge an Ideen und Anregungen, die Sie auch dann anwenden sollten, wenn Sie bereits ein erfolgreiches Geschäft betreiben. Wir zeigen Ihnen Gewinnmodelle, von denen Sie sicherlich profitieren werden.
Nutzen Sie die Ideen in diesem Buch, sie zeigen vielfältige Möglichkeiten auf, wie Sie Ihr Geschäft noch erfolgreicher und profitabler gestalten können.

Sie werden in jedem Kapitel kleine „gold nuggets" finden, die in jeder Art von Geschäft verwendbar sind.
Lesen Sie alle Teile dieses Buches sehr genau... auch die, die nicht unbedingt Ihre Geschäftsinteressen betreffen.
Jede dieser Ideen kann Ihnen helfen, die **Gewinne aus Ihrem Geschäft zu verdoppeln oder zu verdreifachen.**

Tun Sie mir und vorallen sich selbst einen Gefallen und kaufen (anstatt leihen oder nur bei Kindle lesen) Sie dieses Buch.
So können Sie jederzeit etwas nochmal nachlesen.
Danke

PS. Lassen sie ihren Computer während sie lesen ruhig an, dann können sie sofort auf die Links im Buch zugreifen.

Und nun lassen sie uns loslegen.
Ich wünsche Ihnen allen Erfolg dieser Welt!

Dr. Gabriel ihr Online Marketer

WÄHLEN SIE IHR ONLINE-GESCHÄFT AUS

Ein Geschäft, das Ihnen Spaß macht!

Das Geheimnis, um mit einem Geschäft erfolgreich zu werden, ist recht einfach ... eigentlich ist es nicht wirklich ein Geheimnis:

Wählen Sie DAS Geschäft aus, das Ihnen wirklich Spaß macht.

Und dann konzentrieren Sie sich nur noch auf IHR Geschäft.
Denn wenn Sie etwas nicht gerne machen, dann ist es egal, wie viel Geld man damit verdienen könnte - SIE werden es nicht verdienen, denn Sie werden damit sicher nicht erfolgreich werden.

Darüber hinaus, wer will schon den Rest seines Lebens damit verbringen, etwas zu tun, was ihm keinen Spaß macht.

Da kommt Ihnen unser Jahrhundert natürlich sehr entgegen, wir leben schließlich im Internetzeitalter – und da draußen warten Tausende von Geschäftsmöglichkeiten auf Sie.

Entscheidend bleibt jedoch immer, dass Sie sich nur mit Dingen beschäftigen, die Sie wirklich interessieren, die Sie gerne machen möchten... unabhängig davon, wie exotisch so eine Idee Ihnen vielleicht im ersten Augenblick erscheinen mag.
Rennen Sie nicht neuen Dingen hinterher und focusieren sich auf IHR Business.
Ihre Freunde werden Sie wahrscheinlich für verrückt halten, wenn Sie vom großen Geschäft im Internet träumen.
Die sollen ruhig ihre Scherze über Ihre "Spinnereien" machen – denn Sie werden es sein, der am Ende lacht.

Sie werden dann mit etwas, was Ihnen Spaß macht, auch noch Geld verdienen, während Ihre Freunde immer noch von 9 bis 17 Uhr ihrem ungeliebten Job nachgehen – fünf Tage in der Woche.

Tina oder der Weg zu einem glücklichen Leben.

Ich werde Ihnen jetzt eine Geschichte erzählen (die sich so oder so ähnlich überall abspielen kann).
Eine Geschichte, die deutlich macht, was ich eigentlich meine:

In Wien lebt eine Frau, die täglich 8 Stunden, 5 Tage in der Woche in einer großen Steuerberatungskanzlei arbeitet. Wir nennen sie hier Tina.

Tina hasst es, am Morgen aufzustehen, sie hasst es, sich für Ihre Arbeit fertig zu machen, sie hasst es zur Arbeit zu fahren und sie hasst es, dort die Stechuhr zu bedienen.

Sie hasst ganz einfach ihren Job.

Sie hat zwar einen Abschluss als Bilanzbuchhalterin, aber sie kann keinen Computer und vor allem keine Zahlen mehr sehen.

Alles in ihrem Leben erscheint ihr negativ und sie kann sich selbst nicht mehr ausstehen.

Das einzig Positive in ihrem Leben ist, dass sich am Nachmittag der Zeiger auf 17h zu bewegt und sie das Büro verlassen kann.

Sie rast zu ihrem Auto... sie fährt, so schnell es geht, nach Hause... stürmt in ihre Wohnung und wird dort von ihren begeisterten Haustieren (2 Hunde und 1 Katze) begrüßt... nun kann sie sich endlich entspannen.

Sie setzt sich auf die Couch und holt ihre Haustiere zu sich. Sie weiß, wie sehr diese sich über ihre Zuwendung freuen.

Sie dreht den Fernseher an und denkt sich " Gott sei Dank habe ich diesen Tag wieder überstanden!"

Das wiederholt sich Tag ein, Tag aus. An manchen Tagen fährt sie an einer Bücherei vorbei und borgt sich Bücher über Tierpflege oder Hundeerziehung aus.

An ihren freien Tagen (den schönsten in Ihrem Leben) geht sie dann mit Ihren Hunden in den Park und verbringt dort den ganzen Tag.

Sie alle warten die ganze Woche schon darauf.

Auf Grund ihres gestörten Verhältnisses zu Ihrem Beruf und dem Wunsch, sich endlich davon frei zu machen, entschied sie sich dann eines Tages, mit einem Nebenjob zu beginnen.

Eine Freundin von ihr verkauft auf Partys Schmuckkerzen und macht das, nach einer kurzen Anlaufzeit, bereits hauptberuflich.

Tina beneidet diese Frau. Die steht auf wann sie will, arbeitet in ihrem eigenen Geschäft, das ihr Spaß macht und kann sich dabei ihre Zeit auch noch selbst einteilen. Wenn man sie trifft, ist sie immer gut aufgelegt, beschwingt, mit einem Lächeln im Gesicht.

Eines Tages bietet diese Freundin Tina an, doch in ihr Geschäft einzusteigen. Tina ist begeistert! Endlich kann sie ihr eigenes Geschäft betreiben und über ihre Zeit selbst verfügen.

Sie sagt sofort zu ...

Was hat sie denn schon groß zu verlieren? Sie ist Feuer und Flamme, endlich kann sie für sich selbst arbeiten und ihr Leben selbst bestimmen.

Sie beginnt sofort, all das in die Wege zu leiten, was ihre Freundin ihr empfohlen hat... sie erstellt ihre Kontaktliste und beginnt, jede einzelne Person daraus anzusprechen. Sie macht wirklich alles, um so schnell wie möglich ins Geschäft zu kommen.

Und Tina beginnt dann auch ein wenig Geld zu verdienen... (bei so einem Geschäft startet man meistens mit einem eher kleinen Einkommen), aber irgendetwas fehlt ihr.

Sie hat immer noch ihren alten Job... sie hat ihr neues, eigenes Geschäft und beginnt damit Geld zu verdienen... ABER sie hat jetzt noch weniger Zeit als früher für die Dinge, die sie wirklich gerne macht.

Und so geht ein Tag nach dem anderen dahin. Sie muss an Besprechungen in ihrem neuen Job teilnehmen, während ihre Hunde zuhause auf sie warten und nicht wissen, was eigentlich los ist.
Tina verdient jetzt zwar mehr Geld als früher, aber sie hat deswegen auch nicht mehr Freizeit.

Und nachdem sich dann die erste Begeisterung über ihr neues Geschäft etwas gelegt hat, fällt es ihr auch zunehmend schwerer, zuhause die notwendigen Telefonanrufe zu erledigen.
Es ist doch ganz schön ermüdend, sich jeden Tag nach der Arbeit noch voll dem neuen Job zu widmen.

Dann hört auch noch ihre Freundin mit dem Geschäft auf und damit fehlt ihr jetzt die Person, die sie bisher immer wieder motivieren konnte.
Das war dann der berühmte Tropfen, der das Fass zum Überlaufen brachte.
Sie will nicht mehr und kehrt zu ihrer alten Routine zurück, allerdings mit einem starken Schuldgefühl, denn jetzt sieht sie sich selbst auch noch als eine Versagerin an.

Und das wiederholt sich.

Sie macht bei einer anderen "Geschäftsmöglichkeit " mit, nur um nach einiger Zeit auch damit wieder aufzuhören. Das passiert ihr noch ein paar Mal - und jedes Mal fühlt sie sich etwas mehr schuldig, weil ihr scheinbar die Fähigkeit fehlt, in dieser Art Geschäft erfolgreich zu werden.

Nach jedem Fehlschlag landet sie wieder verzweifelt auf ihrer Couch.
Und lustigerweise, die Lösung für ihre Probleme liegt die ganze Zeit direkt vor ihrer Nase und sieht sie mit großen Augen an.

Ihr Problem war ganz einfach, dass sie Dinge tat, für die sie keine Begeisterung aufbringen konnte.
Sie suchte nach einem Weg, dies zu ändern, jedoch versprachen ihr andere immer Lösungen, die nicht zu ihr passten.
Die verdienten in diesen Jobs gutes Geld, weil sie ihn gerne machten, während Tina keine Freude daran hatte und so auch nur mäßig erfolgreich wurde

Während andere dort Vergnügen und Erfüllung fanden, war es für sie eben nur ein anderer Job. Ihre wirkliche Leidenschaft sind ihre Tiere.

Nun, um es kurz zu sagen, Tina versucht einfach, in einem, für sie falschen Geschäft erfolgreich zu sein.

Sie sollte ein Geschäft beginnen, das ihr wirklich Freude macht und nicht versuchen, es anderen nachzumachen, die völlig unterschiedliche Einstellungen und Interessen mitbringen.

Hand aufs Herz, ist das auch Ihr Problem?

Können Sie es kaum erwarten, aus dem Büro raus und auf den Tennisplatz zu kommen - da wird es sicher nicht funktionieren, wenn sie in Ihrer Freizeit versuchen, Gesundheitsprodukte zu verkaufen.

DER EINZIG ERFOLGREICHE WEG ZU EINEM GLÜCKLICHEN LEBEN IST...

DAS ZU MACHEN, WAS IHNEN FREUDE BEREITET!

Vergessen Sie einmal alle Konventionen und Vorurteile!
Was macht Ihnen wirklich Spaß?
Was sind Ihre Hobbys?
Was ist es, woran Sie in Ihren freien Minuten immer wieder denken müssen?

Das ist das Geschäft, in das Sie hinein müssen! Erklären Sie mir nicht, dass das unmöglich ist, ich werd Ihnen zeigen, dass es geht!

Lassen Sie uns zu Tina zurückkehren.........Was sollte sie tun? Nun, wie wäre es denn, wenn sich Tina als Hundesitterin, Hundetrainerin oder auch als Hundfriseuse betätigen würde?
Sie könnte aber auch über Hundehaltung und Hundeerziehung Bücher schreiben, alles ist möglich.

Erklären Sie mir nur ja nicht, das würde nicht funktionieren.

Im Fernsehen habe ich gerade kürzlich einen Bericht über eine Hundebäckerei gesehen, die ausschließlich Gourmetspeisen für Hunde herstellt. Die machen über eine Million Dollar Umsatz und haben zusätzlich zu ihrem kleinen Geschäft noch 20.000 Kunden, die per Post bestellen.
Wenn Sie etwas wirklich gerne machen, dann werden Sie auch einen Weg finden, um Erfolg zu haben. Allerdings müssen Sie sich erst einmal ernsthaft dazu entschließen!

Ich bin sicher, dass viele von Ihnen, die das jetzt lesen, im falschen Beruf tätig sind. Sie verdienen gutes Geld (oder auch nicht - aber das ist eigentlich egal), sind jedoch nicht wirklich glücklich.

Als jemand, der das für sich selbst verwirklichen konnte, kann ich Ihnen diesen Ratschlag geben: „Finden Sie Ihre LIEBE und Sie werden erfolgreich."

Natürlich ist der Start nicht immer einfach, aber das ist er bei keinem neuen Geschäft.

Wenn aber Ihr Geschäft gleichzeitig Ihr Hobby, Ihre Leidenschaft ist, dann werden Sie es schaffen - denn Sie werden auch dann nicht damit aufhören, wenn es einmal nicht so richtig läuft, denn Sie lieben Ihr Geschäft!

Und nun machen Sie einen schnellen Test mit mir:

Denken Sie mit Schrecken daran, dass Sie jeden Morgen zeitig aus den Federn müssen?
Denken Sie häufig darüber nach, wie Sie mehr Freiheit in Ihr Leben bekommen könnten?
Haben Sie schon einmal ein Zweitgeschäft von zu Hause aus begonnen und sind damit nicht erfolgreich geworden?
Fragen Sie sich manchmal nach dem Sinn Ihres Lebens?
Hätten Sie gerne mehr Zeit für Ihre Hobbys?

Mussten Sie eine dieser Fragen mit JA beantwortet, dann sollten Sie ernsthaft über Ihre Zukunft nachzudenken beginnen.
Wenn Sie allerdings alle mit JA beantworten konnten, dann fangen Sie wohl besser sofort an, etwas in Ihrem Leben zu ändern!

Dieses Buch kann dann für Sie zum Schlüssel werden, mit dem Sie das Tor in Ihr neues Leben öffnen.

Aber eines sollten Sie wissen

Es gibt viele, viel zu viele Leute, die sich irgendwann einen Webspace zugelegt haben, einen Webseite für dieses oder jenes Produkt geschrieben und sich dann zurückgelehnt haben, um auf die Millionen zu warten.

Ich kann Ihnen gleich zu Beginn sagen... diese Taktik wird nicht funktionieren, nie!!!

Wenn Sie online Erfolg haben wollen, dann brauchen Sie – bevor Sie überhaupt an eine Webseite denken – einen Plan, eine Strategie! Sie brauchen eine Zielgruppe und Sie müssen wissen, welche Bedürfnisse Ihre Zielgruppe hat. Erst dann suchen Sie sich die Produkte, mit denen Sie diese Bedürfnisse befriedigen.

Dann können Sie auch die Webseite entwickeln und Ihr Angebot mit Gratisangeboten und Testmöglichkeiten bekannt machen.
Sie können Berichte über Ihre Produkte schreiben, ein Gästebuch aufnehmen und einen Newsletter installieren.

Sind zum Beispiel Schulungen Ihr Thema, können Sie Ihren Besuchern Gratistestkurse anbieten, in denen sie sich von der Qualität Ihres Angebotes überzeugen können.
Ich habe solche Test- und Gratiskurse vom Start weg im Einsteigerclub angeboten.

DER SCHLÜSSEL ZUM ERFOLG

Kurz gesagt, der Schlüssel zum Erfolg jedes Online Geschäftes ist eine solide Strategie und ein Produkt, für das Sie eine Zielgruppe identifiziert haben.

Ich kenne Personen, brillante Online-Marketing Strategen, die verblüffende Erfolge erzielen, obwohl ihre Fähigkeiten, diese Strategien dann auch in eine Webseite umzusetzen, nur "so la la" sind.
Die geben eben Werbetext, kreatives Webseitendesign, die Suchmaschinenregistrierung und -optimierung oder die Entwicklung der Promotion für ihre Seite außer Haus.

Einer dieser klugen Köpfe meinte dazu: "Das Konzept ist wichtiger als die Copy (also die Werbe- und Marketingtexte)!"

In anderen Worten, die richtige Marketingstrategie kann kleinere Probleme bei Schlagzeilen, im Werbetext oder bei der Durchführung der Marketingpläne kompensieren, jedoch kann der beste Werbetext der Welt einer schwachen Marketingstrategie nicht zum Erfolg verhelfen.

Würde denn ein Baumeister mit der Arbeit an einem Projekt beginnen, ohne dass er fertige Pläne zur Verfügung hat?
Er könnte noch so gut und sorgfältig arbeiten, fehlen die Baupläne oder sind sie nichts wert, kann er kein solides Bauwerk auf die Beine stellen.

Und jetzt sehen Sie sich einmal im Internet um - genau das trifft doch auch auf die meisten Webseiten zu. 95% der WebseitenBetreiber verdienen kein Geld – kein Wunder, bei dem traurigen Zustand, in dem sich ihr Geschäft befindet.

Die kennen zwar einige Taktiken, können vielleicht eine Webseite bauen, ein paar nette Bilder und flotte Sprüche veröffentlichen.

Nur waren sie nicht in der Lage, eine starke Marketingstrategie zu entwickeln – und dann bleibt der Erfolg eben aus.

Wie finden Sie die richtige Strategie, um Ihr „Internet-Marketing-Königreich" aufzubauen?

Ich zeige Ihnen jetzt einen einfachen 3 Stufen Plan, der Ihnen helfen soll, eine gute Gesamtstrategie zu entwickeln.

Das ist dann noch kein detaillierter Marketing Plan, denn ich will hier nichts komplizieren.

Ich biete Ihnen eine einfache, leicht nachvollziehbare Anleitung zur Entwicklung Ihrer eigenen Ideen.

Ihre täglichen Internet Marketing Aktivitäten sind dann eine logische Folge Ihrer Gesamtstrategie.

Schritt 1: Sie brauchen eine Zielgruppe

Was kommt zuerst... das Produkt oder die Zielgruppe?

Eine Menge von Leuten besitzt zuerst den Wagen und dann das Pferd. Die haben ein Produkt, das sie verkaufen wollen und halten
Ausschau nach Leuten, denen sie es verkaufen können. Wissen Sie eigentlich, um wie viel einfacher es ist, zuerst zu wissen, was Leute wollen und ihnen dann das Produkt zu verkaufen, das sie sich wünschen?

Als ich den Einsteigerclub zu planen begann, kannte ich nur meine Zielgruppe – und die kannte ich gut, denn ich gehörte selbst dazu:

Frustrierte Einsteiger wie ich einer war, die sich über die völlig unbrauchbaren Kurse, Lehrbücher und Anleitungen dieser präpotenten „Experten" grün und blau ärgerten.

Umfragen im Bekannten- und Freundeskreis haben mir dann schnell gezeigt, dass es für Einsteiger- freundliche Produkte einen recht ansehnlichen Markt geben muss – mit gewaltigem Wachstumspotential:

Denn einerseits steigen immer mehr Leute ins Internet ein, andererseits ist nicht zu erwarten, dass diese „Experten" auf Knopfdruck Hausverstand entwickeln können.

Heute kann ich sagen, ich hatte mich nicht getäuscht – der Einsteigerclub hat eine einzigartige Erfolgsstory geschrieben.

Suchen auch Sie sich IHRE Zielgruppe, Ihren Nischenmarkt - den Markt, der Ihnen Freude macht. Bauen Sie eine Webseite für Ihre Zielgruppe, holen Sie Besucher auf diese Seite – und dann werden Sie sicher auch das Produkt finden, das diese Besucher gerne hätten.

Auch im Einsteigerclub hatte ich zuerst nur eine Strategie und eine Webseite. Erst dann ging ich daran, die Produkte, meine OnlineKurse zu entwickeln. Meinen ersten Online Kurs zu Windows habe ich selbst in mühevoller Arbeit entwickelt – für die weitern fand ich dann problemlos kompetente Partner, die ihr Wissen in ein Projekt einbrachten, dessen Strategie sie sofort überzeugt hatte.

Ich kenne genug Webseiten, die Tausende und Tausende Euros im Monat verdienen und nicht einmal ein eigenes Produkt verkaufen.
Die verkaufen Werbefläche.
Die empfehlen anderer Leute Produkte. Wenn Sie einmal einen Markt haben, dann finden Sie Dutzende von Leuten, die gerne ihre Produkte über Sie verkaufen werden.

Weiter unten werden ich Ihnen als Denkanstoß eine ganze Reihe von Ansatzpunkten geben, wo Sie Ihre Zielgruppe finden können.
Beschränken Sie sich aber nicht nur darauf, das sind nur Denkanstösse.

Überlegen Sie einmal selbst!

Was interessiert Sie? Worüber informieren Sie sich gerne? Was lernen Sie gerne? Was sind Ihre Hobbys? Jedes dieser Themen können Sie verwenden und weiterverfolgen.

Gehen Sie zu einem Zeitungsstand und blättern Sie durch die Zeitschriften. Jede ist auf eine bestimmte Zielgruppe zugeschnitten, auf einem bestimmten Thema aufgebaut. Über diese Zeitschriften werden dann Produkte verkauft, die sich auf diesen Themenkreis beziehen.
Eine erfolgreiche Webseite lässt sich ohne weiteres mit einer solchen Zeitschrift vergleichen.

Nehmen Sie eine Zeitschrift zur Hand und Sie haben eine komplette Idee für Ihre Webseite.
Die Artikel dort sagen Ihnen, welche Informationen im Markt gesucht werden.
Die Anzeigen, die Sie darin finden, zeigen Ihnen, welche Produkte gekauft, welche, **nicht Produkt-EIGENSCHAFTEN** Gratisprodukte angeboten werden.

Schritt 2: Sie brauchen Produkt-NUTZEN

Sie können ein Geschäft nicht nur auf Produkten und deren Produkteigenschaften aufbauen.
Ihre Zielgruppe kauft nicht das Produkt, sie kauft auch nicht dessen Eigenschaften. Sie gibt ihr hart verdientes

Geld nur für den Nutzen aus, den sie sich von einem Produkt verspricht. So machen Sie das doch auch, oder?

Wenn Sie also Ihre Strategie zu entwickeln beginnen, dann denken Sie immer an den Endnutzen Ihrer Produkte für Ihre Kunden.

Dieser Grundsatz ist nicht neu, der wurde nicht erst im Internet erfunden. Denn kannten schon die ersten Steinzeitmenschen, als sie Felle gegen Frau tauschten.

Ob Sie nun online oder offline etwas verkaufen möchten, Ihre Kunden tragen ständig irgendwelche Wünsche mit sich herum, die sie gerne erfüllt hätten – auch das kennen Sie doch?

So ein ultimativer Nutzen kann sein …

… sich bestimmte Dinge leisten zu können - mehr Freizeit für Hobbys zu haben -endlich abzunehmen - soziale Akzeptanz durch Aufstieg im Beruf - Erfolg beim anderen Geschlecht usw.

Es ist dieser ultimative Nutzen, wonach Ihre Kunden wirklich suchen. Begründen Sie Ihr Geschäft daher nicht auf Produkteigenschaften, sondern auf dem ultimativen Nutzen.
Das muss die Verkaufsbotschaft sein. Sie wollen doch, dass Ihre Webseite dafür bekannt wird, dass sie diesen Nutzen liefert.

Und dieser ultimative Nutzen wird dann der Grund sein, warum Leute immer und immer wieder zu Ihrer Seite zurückkommen werden.

Wenn Sie den ultimativen Nutzen für Ihre Zielgruppe definiert haben, dann haben Sie auch die Quelle für Ihre Produkte gefunden.

Dann können Sie auch mehrere Produkte anbieten, die alle unter denselben, ultimativen Nutzen fallen.
So erschließen Sie sich zusätzliche Einkommensquellen.

Aber Achtung: Ihre Seite wird wesentlich erfolgreicher werden, wenn Sie sich auf ein Hauptprodukt konzentrieren.
Ich habe das ausgetestet und herausgefunden, dass in den meisten Fällen die Seite mit dem Hauptprodukt um vieles erfolgreicher ist, als die anderen Seiten.

Also, konzentrieren Sie sich in erster Linie auf ein Hauptprodukt und bieten Sie erst in zweiter Linie eine Vielzahl von unterstützenden Produkten an.
Sie können zum Beispiel ein Buch über Werbetexte im Internet verkaufen und bieten dann als Unterstützung auch Beratung, Seminare, Kassetten usw. an, um Ihr Hauptprodukt zu unterstützen.

Wenn Sie z.B. Webseitenerstellung als Ihr Hauptprodukt anbieten, dann können Sie zusätzlich auch Internet

Marketing Bücher, Webdesign, CGI Programmierung, usw. in Ihr Programm aufnehmen.

Wenn Sie, so wie wir, Einsteigerkurse zu PC, Windows und Internet erfolgreich anbieten, dann können Sie in weiterer Folge auch Kurse zur Vorbereitung auf den Europäischen Computerführerschein, zur digitalen Fotografie oder auch zum Online Business für Einsteiger anbieten ...

... immer vorausgesetzt, dass Sie davon etwas verstehen.

Ist Ihr Thema Abspecken, wird Ihr Hauptprodukt möglicherweise ein Ernährungsprodukt sein. Sie könnten dann zusätzlich Bücher über Abnehmen oder Fitness verkaufen.
Sie können einen Newsletter starten und zum Beispiel Einzelpersonen spezielle Beratung oder Betreuung anbieten.

Das Internet bietet Ihnen da eine Vielzahl von Möglichkeiten.

Und das wirklich Faszinierende im Internet ist...

Sie müssen keineswegs all diese Produkte selbst auf die Beine stellen. Sehen Sie sich doch einmal im Netz um.
Sie können fast alles über Joint Ventures, Partnerprogramme oder Lizenzverträge erhalten.

Schritt 3: Entwickeln Sie Ihren USP

Sie haben eine Zielgruppe und ein passendes Produkt gefunden? Schön und gut! Aber haben Sie sich auch überlegt, warum jemand gerade Ihr Produkt und nicht das eines Mitbewerbers kaufen soll?

Sie können Ihr Geschäft nicht nur auf einer "Das hat mein Produkt auch, das kann mein Produkt auch" Strategie aufbauen.
Auf einem Produkt, das einem potentiellen Käufern nicht mehr anbietet, als ihm von anderen Produkten am Markt bereits geboten wird.

Sie brauchen ein Produkt mit einem eigenen, „einzigartigen Produktversprechen", Ihrem USP. Mehr zum USP erfahren Sie im Anhang.

Allerdings bedeutet das noch lange nicht, dass Ihr Produkt deswegen völlig neue Produkteigenschaften mitbringen muss.
Im Tutorial 3 im Anhang bringe ich als Beispiel den Laib Brot, der auch für Vegetarier geeignet ist.
Die meisten anderen Brotlaibe im Supermarkt sind das ebenfalls, nur keinem fiel ein, das in einen alleinstellenden Produktnutzen umzusetzen. Bis auf einen!

Ein weiteres Beispiel: **„We only are second, but we try harder"** (sinngemäß übersetzt: „Wir sind nur die Nr. 2 am Markt, darum bemühen wir uns umso mehr), ist der

Werbeslogan, mit dem die Mietwagenfirma Avis weltweit berühmt wurde.

Obwohl der Marktführer Hertz sicher genauso bemüht um seine Kunden war, hatte Avis damit seinen USP gefunden.

Ein weiteres Beispiel: Fast jedermann verkauft Bücher Online.

Wie um alles in der Welt konnte es da Amazon schaffen, das bekannteste Buchgeschäft im Internet zu werden?

Ziemlich einfach: Amazon entwickelte einen USP mit der Aussage "**Das größte Buchgeschäft der Welt**" - und das sind sie auch.

Die haben mit einem Satz klar gemacht, was sie von all den anderen Buchgeschäften auf der Welt unterscheidet.

Wie können Sie nun Ihren eigenen USP finden (wahrscheinlich besitzen Sie nicht die größte Auswahl an irgendetwas, wir fangen ja alle erst einmal klein an)?

Ich gebe Ihnen jetzt eine einfache, kleine Formel:

Nehmen Sie ein leeres Blatt Papier und schreiben an den oberen Rand die folgenden Worte:

"Ich weiß, wie die meisten........................"

Und weiter unten, ca. in die Mitte, schreiben Sie:

"OK, und ich mache folgendes................."

Ich möchte nun, dass Sie in den oberen Abschnitt hineinschreiben, wie das Geschäft in dem von Ihnen in Aussicht genommenen Markt von den meisten Anbietern betrieben wird.

Und darunter schreiben Sie jetzt, wodurch Sie glauben, dass sich Ihr Angebot davon unterscheidet.
Vermeiden Sie dabei allgemeine Phrasen wie Qualität, besserer Service... denn das bedeutet nur dann etwas, wenn es auch wirklich speziell begründet werden kann.
Dieser Prozess kann eine ganze Weile in Anspruch nehmen, Sie werden Ihre Konkurrenz im Netz sehr genau studieren müssen.
Nehmen Sie sich Zeit dafür, denken Sie gründlich nach. Und dann schreiben Sie nieder, was Sie herausgefunden haben.

So, wenn das erfolgreich abgeschlossen ist, reduzieren Sie Ihr Werk auf einen einzigen Satz!

Richtig, auf nur einen einzigen Satz!

Das wird wieder einige Arbeit erfordern.
Schreiben Sie diesen Satz sooft wie nötig, bis Sie das Gefühl haben, dass Sie Ihre Ergebnisse in die richtigen Worte fassen konnten.
Das kann schon einige Tage dauern. Überdenken Sie diesen Satz beim Essen, im Auto, gehen Sie damit

schwanger - und wenn Sie dann sagen können, OK jetzt passt er - dann haben Sie Ihren USP gefunden, der Sie von Ihrer Konkurrenz abheben wird.

Und dann verwenden Sie Ihren USP immer und überall, in Ihren EMails, auf Ihrer Webseite, in Ihrer Werbung ... lassen Sie Ihren USP zu Ihrem Leitsymbol werden, das Sie von allen anderen unterscheidet und Sie als DEN Ansprechpartner in Ihrem Markt ausweist!

(Sie glauben, dass Sie nicht schreiben können, denken, dass Ihnen solche Formulierungen nie gelingen werden? Im Anhang habe ich im Tutorial **„Erfolgreich Texten fürs Web"** Tipps der Erfolgreichen für Sie zusammengestellt)

WO FINDEN SIE IHRE ZIELGRUPPE?

Online Marketing ist der Aufbau von Kundengruppen!

Das gilt für jeden Geschäftstyp.
Bauen Sie sich eine Kundengruppe auf, Ihre eigene „Internet -Gemeinde" um ein spezielles Thema herum oder für einen Nischenmarkt auf.

Dazu nun die versprochenen Ideen und Denkanstösse, mit denen Sie sich Ihre eigene Internet Gemeinde aufbauen können:

1. Gratisangebote

Sie können mit einer Webseite starten, in der Sie alles Mögliche gratis abgeben, nur mit der einen Zielsetzung ... Aufbau einer möglichst großen Gruppe von Personen, die regelmäßig auf dieser Seite vorbeischauen.

Das haben schon viele versucht – und festgestellt, dass es funktioniert! Die haben Seiten erstellt, auf denen Gratisinformationen weitergegeben werden, Links zu allen möglichen Quellen auf diesem Gebiet veröffentlicht, gratis Downloads oder Gratissoftware angeboten werden.

Geben Sie gute Informationen und Tipps, die jeder in Ihrem Marktsegment brauchen kann und alle werden zu Ihnen kommen.

Überlegen Sie sich einfach ein paar Dinge auf diesem Gebiet. Es kann zum Beispiel etwas so Einfaches sein, wie eine Seite, die zu den wichtigsten Ressourcen in diesem Markt linkt.

Finden Sie die besten Anbieter in diesem Markt und fragen Sie dort an, ob diese auch auf Ihre Seite linken möchten (viele werden das gerne tun).

Bauen Sie eine Datenbank mit Links zu hunderten von nützlichen Seiten auf und sehen Sie zu, wie die Zahl Ihrer Besucher in die Höhe schnellt.

Alles was Sie machen müssen, ist eine Marktnische mit einer bestimmten Idee anzusprechen.

Wir neigen häufig dazu, Dinge zu komplizieren. Ich versuche daher, auch hier den ganzen komplizierten Plunder zur Seite zu schieben und Ihnen näher zu bringen, wie einfach es in Wirklichkeit ist, im Internet Geld zu machen.

In einem Satz formuliert: "Bau eine Seite, die den Leuten gibt, was sie sich wünschen!"

2. Online Marketing

Dieser Markt ist immer noch HEISS.....und wird es auch noch lange bleiben, denn mehr und mehr Geschäfte kommen jeden Tag neu ins Netz.
Die größte Schwierigkeit in diesem Bereich wird es allerdings sein, einen USP zu finden. Da gibt es bereits Tausende von Seiten, die Marketingprodukte, Dienstleistungen und Informationen anbieten.
Wenn Sie in diesen Markt einsteigen möchten, dann reicht es nicht, den üblichen „Reich werden im Internet" Quatsch anzubieten, das ist dummes Zeug!

Hier brauchen Sie schon eine sehr spezifische Marktnische, von der Sie auch wirklich etwas verstehen. Nur von anderen abzuschreiben, wie viele dieser „Online Marketing Experten", reicht auf Dauer nicht!

Sie müssen gerade in diesem Markt in der Lage sein, eine Menge von Gratisinformationen und Gratisdienstleistungen anzubieten, um Aussicht auf Erfolg zu haben.

Mir macht dieses Thema Spaß, ich habe ein erfolgreiches Berufsleben im Offline-Marketing genossen - und es macht mir eine ganze Menge Freude, mein Wissen Online weiterzugeben.

3. Werbetexte

Gute Werbetexte sind im Internet noch eine Seltenheit und sehr gefragt. Jeder, der dort Werbetexte anbietet, muss lernen, gute Werbeaussagen zu formulieren ... und darf auch nie damit aufhören, immer wieder Neues dazuzulernen.
Wenn Sie in diesen Markt einsteigen, sollten Sie mit einer Menge von Gratisartikeln usw. starten.

Auch sollten Sie Programme finden, die Ihnen das Schreiben leichter und Sie damit erfolgreicher machen. Denn hier werden Sie sich in einem Markt mit viel Konkurrenz, aber auch mit vielen Möglichkeiten und Chancen, wieder finden.
Denken Sie nur an die vielen kleinen und mittelständischen Betriebe, die früher oder später alle eine eigene Webseite brauchen werden – und gute Schlagzeilen und Werbetexte kommen nicht von selbst.

Wenn Sie gerne schreiben, können Sie damit ohne weiteres erfolgreich werden.
Im Anhang finden Sie die Links zu meinen eBooks zum Thema Schlagzeilen und Werbetexten, in denen ich Tipps der Top Texter für Sie zusammengestellt habe.

4. Informationen

Ob es sich um Marketinginformationen, Kreditgeheimnisse, Hausbau oder Gründung einer Firma (... wie bekomme ich EURO 400.000 Kredit zum Start) oder um sonst irgendetwas handelt, Sie können über alles Ihr eigenes Buch verfassen.

Es überrascht, wie viele Leute nicht erkennen, über welches Wissen Sie eigentlich verfügen.
Ich habe erst kürzlich mit einem Freund gesprochen, der sich darüber beklagte, dass er kein Produkt habe und auch kein Buch verfassen könne, da er wirklich nicht wüsste, worüber.

Im weiteren Verlauf des Gespräches kamen wir auf das Thema Kredit zu sprechen.
Da begann er plötzlich loszulegen, er kannte wirklich jeden Trick auf diesem Gebiet, wusste, wo es Kredite zu Top Konditionen gibt, wie man zu Krediten bei mehreren Banken kommt, wie man mit Darlehen Geld verdienen kann und so weiter.

Er besitzt mindestens 15 Bücher zu diesem Thema – und hat sie auch gelesen. Und ich sollte mich ruhig bei ihm melden, wenn ich auf diesem Gebiet einmal Hilfe bräuchte.

Ich fragte ihn dann: "Hast du nicht gerade gesagt, dass es nichts gibt, worüber du schreiben könntest?" Er blickte mich einen Augenblick ganz überrascht an und antwortete dann: "Ja, ich denke, zu diesem Thema könnte ich sehr wohl etwas verfassen."

Dieser Mann trug einen "Bestseller" mit sich herum …

… und wusste es nicht. Möglicherweise geht es Ihnen genau so.
Und wenn nicht? Macht auch nichts. Mit dem Internet können Sie praktisch auf jedem Gebiet zum Experten werden.

Warum steigen Sie zum Beispiel nicht in DEN Riesenmarkt der Zukunft ein?

Im Internet gibt es in der Zwischenzeit über 3 Milliarden Webseiten und täglich kommen Millionen hinzu.
Häufig braucht jemand Informationen zu einem Thema, hat aber zuwenig Zeit oder keine Lust, selbst auf die Suche zu gehen.
Er würde lieber ein fertiges Suchergebnis kaufen. Sie können derjenige sein, der diese Informationen für ihn ausfindig macht.

Sie sammeln die häufigsten Suchergebnisse und stellen daraus ein tolles Informationsbuch zusammen.

Sie können aber z.B. auch Produkte aus der Vergangenheit zum Leben erwecken.
Auch wenn die Copyrights bereits abgelaufen sind, gibt es immer noch Leute, die alte Bücher gerne lesen.

5. Verkaufen Sie, was andere nicht verkaufen können Ein Beispiel:

Walter klickt sich durchs Netz und kommt zu einer Seite, die offenkundig von einem Programmiergenie gestaltet wurde.
Die Seite gehört einem 20jährigem, der ganz einfach gerne Software entwickelt.
Dabei interessiert es ihn wenig, ob sich seine Werke auch verkaufen, seine Liebe ist das Entwickeln. Das merkt man seiner Seite auch an.

Walter sieht sofort eine Geschäftsmöglichkeit.
Er kontaktiert den jungen Mann und überzeugt ihn, eine Software zu entwerfen, die eine Webseite individuell erstellt, wenn man dieser Software gewisse Kriterien und Anweisungen liefert.
Perfekt für alle Einsteiger dieser Welt.

Nachdem sie sich über die finanzielle Seite geeinigt hatten, entwickelt Walter sofort eine entsprechende Webseite, besser gesagt einen Salesletter.

Walter schreibt dann die Herausgeber verschiedener Newsletter an, um mit Ihnen einen Deal abzuschließen. Er bietet eine hohe Provision für die Bekanntmachung und Verkauf seines Produktes an.
Es sind genau 138 Herausgeber, die er anschreibt. Mit 23 von ihnen kommt er ins Geschäft und verdient Geld.

In den nächsten Monaten verkauft Walter 400 Exemplare und gewinnt noch 227 Partner, die sein Produkt für ihn verkaufen.
Nachdem der erste Ansturm vorbei war, betrugen seine monatlichen Umsätze immerhin noch ca. EURO 2400 mit steigender Tendenz.
Und je mehr Leute auf seiner Seite vorbeikommen, umso mehr beteiligen sich auch an seinem Partnerprogramm.

Das mögen für einige von Ihnen keine berauschenden Zahlen sein.
Aber bedenken Sie, dass Walter nun eine ganze Welt voll mit neuen Software Entwicklungen zur Verfügung steht - plus 23 Newsletter Betreiber, die mit ihm eine profitable Geschäftverbindung hatten und sicher gerne wieder etwas mit ihm machen werden.

Walter kann dieses System, wenn er will, mit 100 verschiedenen Produkten wiederholen.

Wenn er will, kann auf die Bahamas ziehen (oder wohin auch immer), denn er muss sich um sein Geschäft keine Sorgen machen. Seine Geldmaschine hängt mittlerweile am Autopiloten, arbeitet automatisch.

Deals wie dieser können täglich gemacht werden.

Da gibt es zum Beispiel Bücher, vielleicht sogar in Ihrem Bücherregal, die Sie in digitales Format bringen und online verkaufen können.

Eine Menge Autoren würden sicherlich begeistert sein, wenn Sie ihnen den folgenden Vorschlag machen:

"Ich möchte gerne Ihr Buch in digitales Format bringen und 10.000 davon im Internet verkaufen.
Sind Sie an diesem Geschäft interessiert?"

Es ist viel leichter als Sie glauben, solche Deals zu finden. Alles was diese Leute wollen, ist ein Teil des Gewinnes, der dann gemacht wird. Wenn Sie wissen, wie man im Internet vermarktet, werden Ihnen diese Leute zuhören.

Schauen Sie in Suchmaschinen, in Zeitungen oder in Ihr eigenes Bücherregal. Die Produkte warten darauf, vermarktet zu werden. Von Ihnen.

6. Fitness

Um zu sehen, wie heiß dieser Markt ist, brauchen Sie nur den Fernseher einzuschalten und sich die betreffenden Sendungen anzusehen.

Dieser Markt wird zusätzlich noch um Ernährungsprodukte und Fitnessgeräte erweitert.

Sie könnten einen ganzen Kundenstock rund um ein spezielles Diät- oder Fitnessprogramm aufbauen. Chats, Nachrichten-Board, Newsletter und mehr würden Ihre potentiellen Kunden in diesem Markt sicher begeistern. Und es gibt mit Sicherheit keinen Mangel an Firmen, die Ihnen ihre Produkte zum Vertrieb zur Verfügung stellen werden.

7. Online Auktionen

eBay Online Auktionen boomen, das hat sich in der Zwischenzeit weltweit zu einer der aufregendsten Geschäftsideen entwickelt.

Probieren Sie es aus, räumen Sie Ihren Dachboden, Ihren Keller leer und stellen Sie all die Dinge, die Sie selbst nie mehr verwenden werden, in eBay Auktionen.

Das kostet Sie kaum etwas, Ihr finanzielles Risiko ist gleich Null!

Wie wäre es, wenn Sie z.B. eine Onlinegruppe ins Leben rufen würden, die sich auf ganz bestimmte Auktionstypen spezialisiert, z.B. auf bestimmte Produktgruppen, wie Spielzeug, Möbel, oder Sammlergegenstände?

Sie könnten dann später ein Online Forum gründen, Werbemöglichkeiten vermitteln ... es gibt eine Menge ungenutzter Möglichkeiten.

Wenn Sie sich bisher noch nicht näher mit Online Auktionen beschäftigt haben, lesen Sie meine eBooks zu diesem Thema (Links im Anhang).
Holen Sie sich die Tipps und Anleitungen von den „3 eBay Musketieren", die sich damit ihr Studium finanziert haben, wie auch Sie mit eBay ein profitables Geschäft aufbauen können.

8. Schönheitsprodukte

Schauen Sie sich bei einem Zeitschriftenhändler einmal die Zahl der Zeitschriften an, die in diese Kategorie fallen. Je nach Größe des Geschäftes sind das Dutzende oder gar Hunderte.
Sie können sich einen speziellen Teilbereich dieses Marktes aussuchen und Ihre Seite darauf hin zuschneidern.
Suchen Sie sich ein Hauptprodukt und nehmen Sie dann Hunderte von ergänzenden Produkten dazu.

Firmen, deren Produkte Sie vertreiben können, gibt es genügend, Sie brauchen dazu wirklich nicht erst eine zweite Helena Rubinstein zu werden.

9. Küchenhilfen

Wie wär's mit neuen Küchenhilfen oder Kochbüchern?

Die größte Herausforderung in diesem Bereich wird es allerdings werden, Produkte zu finden, die noch nicht in einem normalen Geschäft günstig zu bekommen sind.

Neue Produkte oder Kochbücher können wirklich HEISS sein (allerdings, das erotische Kochbuch, an das viele von Ihnen jetzt sofort denken werden, gibt es schon mehrfach - aber vielleicht wurde das erotische Kochbuch für Voyeure oder Exhibitionisten noch nicht geschrieben).

Sehen Sie sich im Markt um, welche Ideen es gibt. Sie können z.B. einen Gratis Newsletter mit dem Rezept des Tages starten oder ein Forum zum Austausch von Rezepten gründen und später daraus ein eigenes Buch zusammenstellen.

10. Automobile

Dazu gibt es so viele Ideen, dass ich mein Buch nicht allein damit füllen möchte.
Sie können eine Seite gründen, über die Sie gegen Kommission Autos, Modellautos, Bücher über Autos und vieles mehr verkaufen. Sie können sich darauf spezialisieren, bei eBay mit diesen Dingen zu handeln, Autos sind dort in der Zwischenzeit die Kategorie Nr.1. Und es gibt eine Menge von unterstützenden Produkten, die Sie da mitverkaufen können.

11. Golf

Da könnte auch jede andere Sportart stehen, aber lassen Sie uns bei einer Idee bleiben.

Mit der stürmischen Entwicklung von Golf in Europa, mit den vielen Golfbegeisterten da draußen, die alle gerne ihr Spiel verbessern möchten, ist das sicher ein fruchtbarer Markt.
Also, wenn Sie selbst ein Golfer sind, überlegen Sie sich, ob Sie nicht eine Seite erstellendie Anleitungen gibt, wie man sein Handicap verringern kann.

Sie könnten dort Ausrüstung, Schläger, Bücher, Videos verkaufen (eBay Auktionen bieten sich natürlich auch in diesem Markt geradezu an), ein Diskussionsforum mit einem Profi würde gewiss zusätzliches Interesse bringen. Sie könnten sogar richtige Videos auf Ihrer Seite zeigen, in denen z.B. der richtige Schwung vorgeführt wird.

Oder Sie schreiben ein Buch mit dem Titel: „Die 10 Erfolgstipps:
Wie finde ich am Golfplatz endlich den Mann, wegen dem ich mich mit diesem blöden Sport quäle."

12. Selbstverteidigung

Wie wär's denn mit einer Selbstverteidigungsseite? Es könnte eine über Selbstverteidigung von Kindern, Frauen, Männer usw. sein.

Überlegen Sie sich eine Idee und verkaufen Sie Videos, Bücher und Ausrüstung, alles darauf abgestimmt, wie Leute sich selbst besser schützen können.

Mit der zunehmenden Gewalttätigkeit auf der Welt wird diesem Markt immer seine Bedeutung erhalten bleiben. Alle Instrumente, die wir schon besprochen haben, können auch hier Anwendung finden, wie wär's mit dem Selbstverteidigungstipp der Woche oder einem Chatroom zu diesem Thema.

13. Spieleseiten

Sie können eine ganze Seite mit Codes, Tipps und Tricks für Spiele gestalten. Die meiste Arbeit würden andere für Sie machen, wenn einmal bekannt wird, dass Sie Codes und Tricks sammeln.
Machen Sie Presseveröffentlichungen und sehen Sie zu, dass Sie in entsprechenden Zeitschriften aufgenommen werden und Ihr Traffic geht durch die Decke!

Das Einkommen kommt dann durch Werbung von Firmen, die Spiele herstellen bzw. vertreiben.
Das "Message Board" wird auch sicher populär werden und eigene Sektionen für die unterschiedlichen Typen von Spielen benötigen.

Natürlich gibt es solche Seiten bereits - finden Sie Ihren USP und Sie werden trotzdem erfolgreich werden.

14. Business – Software

Wenn Sie sich bei Software auskennen, warum erstellen Sie nicht eine Seite, die eine Sammlung von Business Software enthält ... bieten Sie Downloads von Demos und Besprechungen an.

Bringen Sie einen monatlichen Newsletter, in dem Sie neue Produkte besprechen. Geschäftsleute suchen immer nach neuen Programmen.

15. Ressourcensammlungen für ... alles Mögliche

Sie könnten eine Liste mit Quellenangaben für alles Mögliche erstellen.

Eine Topseite, die für einen bestimmten Marktbereich nützliche Informationen anbietet, eine Seite, die z.B. von Leuten als Ausgangspunkt für ihre weitere Suche , z.B. nach Internetmarketing, Werbung, Puppen etc. verwendet wird.

Sie können das sogar in eine spezifische Suchmaschine für diesen speziellen Marktbereich umwandeln. Das lässt sich übrigens mit allen Ideen dieses Buches kombinieren.

16. Award Seite

Vergeben Sie einen Preis in einem bestimmten Markt, z.B. den "5 Sternepreis" für die beste Fitnessseite oder den "Elitepreis" für die beste Online Marketingseite usw.

Entwickeln Sie dafür ein wirklich gutes Design für Ihr Logo.

Erstellen Sie eine Datenbank, an die man Bewertungen einsenden kann.
Dann gehen Sie auf die Suche nach Seiten, die Ihren Preis verdienen.
Haben Sie Ihren Preis vergeben und genügend Seiten, die auf Ihre Seite linken, können Sie mit Presseaussendungen beginnen.
Der Schlüssel für dieses Programm ist, einen interessanten Titel zu finden und in den richtigen Markt damit einzusteigen.

17. Verbraucher-Reports

Werden Sie zum Wächter... Veröffentlichen Sie Reports über Autos oder Geldverdienen Programme.
Besprechen Sie Fitnessgeräte ebenso wie Körperpflegeartikel.
Werden Sie zum Experten, der Verbraucherinteressen wahrnimmt. Wichtig ist es, genügend qualifizierte Berichte zu erhalten, sodass Ihre Seite auch wirklich interessant wird.
Dann werden Sie durch Werbung auf Ihrer Seite Geld verdienen.

18. Nachrichten

Sie glauben wahrscheinlich, dass es unmöglich ist, in diesem Bereich mit all den News - Giganten erfolgreich zu werden?
Natürlich klappt das nicht, wenn Sie alles abdecken möchten!

Aber Sie als Kleiner wollen ja nur ein spezielles Interessensgebiet abdecken und alles sammeln, was mit diesem Bereich zu tun hat. Denken Sie darüber nach. Der" Drudge Report" in den USA zum Beispiel wurde nur auf Klatsch aufgebaut und ist heute eine der Topseiten im Internet mit einer eigenen TV Show.

19. Reisen

Exotische Reiseziele, Kreuzfahrten für Millionäre...etc., das macht doch Spaß!

Sie könnten verschiedene Reiseziele besuchen, Hotels, Restaurants etc. Arbeiten Sie mit einem Reisebüro zusammen (das dann auch die Buchungen durchführt), machen Sie die Reisen und berichten Sie darüber. Verbinden Sie das mit einer Art "Wachhundfunktion", warnen Sie vor unseriösen Angeboten oder nicht empfehlenswerten Touren. Sie werden sicher eine Menge Spaß bei dieser „Arbeit" haben!

20. Bieten Sie Dienstleistungen an

Ich kenne einige Personen persönlich, die in dieser Minute schönes Geld im Internet verdienen, indem sie Dienstleistungen anbieten, die andere dringend benötigen: Webdesign, Webpromotion, Suchmaschinenoptimierung und vieles mehr.

Dieses Geschäft wird in Zukunft weiter wachsen. Jeder weiß, dass die nächste Geschäftsgeneration im Netz sein wird ... und alle halten sich an diesen Ratschlag.
Wenn Sie heute lernen, in diesem Markt Serviceleistungen zu erbringen, dann werden Sie in Zukunft mit diesem Markt wachsen, dann, wenn alle Geschäftsbereiche ins Internet expandieren. Steigen Sie in diesen wachsenden Markt ein!

Obwohl das Geschäft mit Service/Informationen (vor allem auch in Verbindung mit Software) extrem lukrativ sein kann – beide zählen sicherlich zu den heißesten Geschäftsfeldern – können Sie in vielen Fällen mehr Geld verdienen, wenn Sie die Dienstleistung in Verbindung mit einem Produkt anbieten.

Zum Beispiel können Sie ohne weiteres Hunderte oder Tausende von Büchern verkaufen, die Leuten zeigen, wie sie mehr Besucher auf ihre Webseite bekommen.
Es werden aber immer noch Tausende übrig bleiben, die es vorziehen, dass jemand wie Sie diesen Job für sie erledigt.
Es bietet sich daher an, beide Bereiche abzudecken.

Während Sie als Person für ein Serviceangebot nur eine begrenzte Zeit zur Verfügung haben, da Ihr Einkommen durch Ihre verfügbaren Arbeitsstunden begrenzt ist, können Sie über ein Wochenende Hunderte von Online Büchern (eBooks) oder Online Kursen verkaufen.

Die Vorteile so eines Online "Full Service Business" liegen auf der Hand. Sie können dafür, dass Sie Arbeit für andere erledigen, Spitzenpreise verlangen. So werden für den Full Service einer Webseitenoptimierung für Suchmaschinen Euro 1000 und mehr verlangt – und auch bezahlt!
Oder Euro 150 für ein monatliches Servicepaket.

21. Webdesign

Webdesign ist eine Fähigkeit, die man schnell erlernen kann, aber die meisten wollen das gar nicht. Suchen Sie sich ein Webdesignprogramm, das Sie gut verstehen. Kaufen Sie sich Bücher, um Ihr Wissen zu vertiefen.
Und dann untersuchen Sie, welche Webseiten Umsatz bringen und welche nicht.

Entwickeln Sie ein Baukastensystem mit Designelementen, die für viele Seiten verwendbar sind, so dass Sie nur mehr den jeweiligen Text oder die Bilder einfügen müssen.
Das wird Ihren Entwicklungsprozess wesentlich beschleunigen und Ihnen mehr Zeit geben, sich um Ihre Kunden zu kümmern.

22. Suchmaschinen Positionierung

Den besten Traffic (Besucherverkehr) bekommen Sie über Empfehlungen und von zufriedenen Kunden.
Der zweitbeste kommt von Suchmaschinen. Wenn es eine Seite schafft, unter die ersten 10 Positionen bei einem

bestimmten Suchbegriff zu kommen, dann bekommt sie Tag für Tag eine Menge Besucher. Natürlich will jede Seite auf einen dieser Plätze an der Sonne.

Wenn Sie davon etwas verstehen und es mit Ihrer eigenen Seite unter Beweis stellen können, werden Sie gutes Geld verdienen.

23. CyberCopywriting

Wissen Sie eigentlich, dass eine starke Headline auf Ihrer Seite oder in Ihrer Email die Zahl der Leser um das 18 bis 50 fache erhöhen kann?

Viele Webseitenbesitzer verwenden eine Menge Zeit, um Besucher auf Ihre Seite zu bringen, aber kümmern sich kaum um die Schlagzeile.

Beginnen Sie alles zu erlernen, was Sie über Schreiben von Werbeaussagen finden können.

Studieren Sie alles, was Leute, die ihr Geld damit verdienen, dazu veröffentlichen.

Und dann halten Sie Online Kurse und Workshops ab.

24. Web Promotion

Das möchte jede Webseite haben ... gute Promotion. Werden Sie ein Experte auf diesem Gebiet. Gute Promotion, zündende Ideen, oft aber sind es aber auch die kleinen, pfiffigen Tricks, die den großen Erfolg bringen. Viele außergewöhnliche Tipps und Tricks, die kaum je veröffentlicht wurden, finden Sie im Einsteigerclub.at.

Setzen Sie diese Tipps selbst ein, entwickeln Sie diese weiter und verkaufen Sie dann Ihre Erfahrungen damit. Bieten Sie Fallstudien, Beratungen etc. an.

25. Internet Presse Veröffentlichungen

Ein von der Mehrzahl der Webseiten Betreiber übersehener Aspekt ist der Einsatz von Presseveröffentlichungen im Internet.
Ein Artikel in einer Zeitung oder Zeitschrift kann mehr für Besucherzahlen tun als ein ganzes Jahr Online-Werbung.

Vorraussetzung ist, dass die betreffende Webseite einen entsprechenden Neuigkeits- und Aufmerksamkeitswert mitbringt.
Ein reiner Verkaufsbrief wird da meist nicht ausreichen, der Inhalt muss schon eine Bedeutung für die Leser der entsprechenden Publikation haben.

Sie als Internet Presseveröffentlichungsagent können der Fachmann sein, der solche Veröffentlichungen verfasst und an die entsprechenden Medien verschickt.

Um dieses Geschäft zu beginnen, sollten Sie alles erlernen, was es zu diesem Thema gibt – und es gibt eine ganze Menge dazu im Internet – kostenlos. Dann beginnen Sie, die Email Adressen der einzelnen Medien und deren Herausgeber zu sammeln.

26. Multimedia

Die Technologie bleibt nicht stehen – alles im Internet entwickelt sich rasend schnell weiter.

Es ist z.B. bereits Tatsache, dass das Internet mit dem TV verbunden ist und Videos direkt online auf den Bildschirm übermittelt werden.

Wer hätte das vor einigen Jahren noch für möglich gehalten?

Sie können z.B. ein Audio/Video Consultant werden, der in diesen Bereichen Unterstützung anbietet.

Wenn Sie das interessiert, dann machen Sie doch Ihr Geschäft z.B. die Aufnahme von Videos, Umwandlung in RealVideo fürs Internet und die Platzierung auf dem Server der Kunden.

Oder Sie können kleineren Geschäften Möglichkeiten aufzeigen, wie sie solche Videos einfach produzieren und für ihr Geschäft nutzen können.

Audio und Video sind ein Wachstumssegment im Internet für die Zukunft.

27. Webseitenoptimierung

Dabei kombinieren Sie verschiedene der vorher besprochenen Dienstleistungen und bieten etwas an, was sich viele Internet Marketingunternehmer wünschen.

Die haben eine Webseite online und würden gerne wissen, wie sie schneller lädt, bessere Platzierungen bei Suchmaschinen bekommt, oder wie sie so verbessert werden kann, dass sie mehr Umsatz bringt.

Wenn Sie sich zu diesen Dienstleistungen ein entsprechendes Wissen angeeignet haben, können Sie Kunden anbieten, deren Webseite oder auch den Marketingplan zu überarbeiten.
Viele von haben Schwächen in Bereichen, die wir am Beginn dieses Buches angesprochen haben. Helfen Sie ihnen dabei!

28. Domainnamen Goldgräber

Ich kenne einige Kurse und Seminare in den USA, die dies als ein Hauptgeschäft online lehren......und es ist wirklich sehr einfach.
Domain Namen Goldgraben besteht einfach daraus:
Finden und reservieren Sie die Domainnamen, die andere gerne hätten.

Domainnamen Goldgraben besteht im Grunde nur daraus, dass Sie Domainnamen erfinden, die andere Personen gerne haben würden.
Sie kaufen diese Namen dann für einen sehr niedrigen Preis und verkaufen sie dann für einen höheren Preis weiter.
Dieser Preis wird sich natürlich danach bestimmen, wie stark sich jemand einen Namen wünscht - hängt natürlich davon ab, wie attraktiv Ihre Namen sind.
Es gibt etliche Personen, die dieses Geschäft recht erfolgreich betrieben, aber ehrlich gesagt, ich glaube nicht, dass viele Leser damit erfolgreich werden können.

29. „Traffic Tools" für Webseiten

Was wirklich im Internet zählt, ist Traffic, d.h. die Zahl der Besucher, die auf eine Seite kommen! Jeder will ihn, jeder will wissen, wie er möglichst viel von diesem Traffic auf seine Seite bekommt.
Wer eine gute Webseite mit einem guten Thema erstellt und Besucher auf seine Seite bringt, wird Geld verdienen. So einfach ist das.

Der Schlüssel zum Erfolg sind Besucher ... helfen Sie Leuten dabei und verlangen Sie Geld dafür!

Ein Weg dazu sind die:

"Free Automated Traffic Generators"

Leute suchen im Internet nicht eigentlich nach Gratisinformationen und Instrumenten, von denen sie profitieren können.
Besucher von Webseiten haben nur diesen einen Gedanken:

„Was ist für mich drinnen?" „Was hab ich davon, wenn ich diese Webseite besuche?" „Was bekomme ich dafür........gratis?" „Warum soll ich wiederkommen?"

Wenn eine Webseite diese Fragen nicht beantwortet, dann werden nie die Mengen an Besuchern kommen, von denen jemand träumt.

Sie bieten dann dem Besucher einfach keinen Grund, auf Ihre Seite zurückzukommen, andere darauf hinzuweisen oder Ihre Produkte bzw. Dienstleistungen zu kaufen.

Um heutzutage konkurrenzfähig zu bleiben, braucht daher jede Webseite „Automatic Traffic Generators"!

CGI kommt da zur Hilfe...........

"Common Gateway Interface" ist eine, im Internet verwendete Programmiersprache - allgemein CGI genannt.

Ich vermeide technische Erklärungen, das können andere besser. Nur soviel dazu:

Eine normale Webseite wird in HTML geschrieben (entweder in HTML Sprache oder mit einem Editor wie z.B. FrontPage). HTML kann man verwenden, um wunderschöne Seiten mit Farben, Graphiken oder Bildern zu erstellen, hat aber für Marketingzwecke den entscheidenden Nachteil, dass es statisch ist. Es bleibt, so wie es erstellt wurde, verändert sich nicht.

CGI nun bringt HTML zum Leben.

Es kann verwendet werden, um Formulare zu erstellen, die Informationen über Besucher einholen.

Es kann verwendet werden, um Message Boards zu erstellen, sodass man mit Besuchern interaktiv verkehren kann. Oder um z.B. Kleinanzeigen auf einer Seite zu platzieren.

Es gibt natürlich auch andere Programmiersprachen dafür, jedoch ist CGI die am meisten verwendete und auch diejenige, die von den meisten Webhosts verwendet werden kann.

Die 10 folgenden Geschäftsideen, die ich Ihnen jetzt zeigen werde, beziehen sich alle auf die eine oder andere Art auf CGI.

Eigentlich handelt nur eine Idee davon, ein CGI Programm zu erstellen, der Rest dreht sich um Lernen und CGI installieren.
Der beste Platz, um mehr Informationen über CGI Programmierung zu finden, ist http://www.cgi-resources.com.
Alle Programme, die ich unten bespreche, können dort gefunden werden, da diese Seite zu allen wesentlichen CGI Quellen linkt.

30. CGI Programmierung

Wenn Sie ein technisches Geschäft suchen, das eine permanent hohe Nachfrage im Internet hat ... CGI Programmierung ist es sicher!
Jemand, der einzigartige CGI Programme für andere erstellen kann, wird Hunderte von Verkäufen realisieren

können (natürlich nur dann, wenn sie auch effizient vermarktet werden).

Die Notwendigkeit, Besucher auf eine Webseite zu bringen, wird nicht verschwinden.
Daher werden immer neue Instrumente, die so einen Besucherstrom erzeugen, gebraucht werden.
Sicher kein einfacher Job. Selbst kleine Programme, wie Gästebücher erfordern einige Kenntnisse und die Erstellung von komplexen Programmen, wie sie von der Mehrzahl der Webseitenbesitzer gewünscht werden, kann ein entmutigendes Unterfangen werden.

Wenn Sie sich trotzdem daran versuchen wollen, beginnen Sie bei http://www.cgi-resources.com.

31. Einfache Formulare und Gästebücher

Das kann ein einfaches, aber auch ein schwieriges Unterfangen werden, abhängig von den Anweisungen des Programmherstellers.
Die meisten Webseitenbesitzer wollen sich mit den technischen Dingen nicht beschäftigen, die wollen, dass Sie wissen, wie Sie diese Programme auf dem Server installieren und zum Arbeiten bringen.

Und es sollte wirklich jede Webseite zumindest ein Gästebuch haben, mit dem sie sich Informationen über ihre Besucher verschafft und Sie können derjenige sein, der das möglich macht.

Für eine kleine Gebühr können Sie einfache Formate auf die Webseite anderer geben oder aber deren CGI Programme auf Ihrer eigenen Seite hosten.

32. Kleinanzeigen

Ein gutes Instrument, um Leute dazu zu bringen, immer wieder auf Ihrer Seite vorbeizuschauen, ist die Erstellung einer Kleinanzeigenseite, die sie gratis verwenden können (ist auch ein gutes Mittel, um mehr Informationen über Ihre Besucher zu sammeln).

Das war wahrscheinlich einer der ersten "Automatic Traffic Generators", den Webmaster zum Einsatz brachten, und er kann auch heute noch einen Schwung zusätzlicher Besucher auf eine Seite bringen.

33. Intelligente Email Versendung

Wenn Sie wirklich das Interesse und die Fähigkeit für derartige Programmierungen mitbringen, dann entwickeln sich immer neue Märkte bzw. Gelegenheiten für Sie.

Eine Weiterentwicklung der gewöhnlichen Versendung von Emails ist der so genannte intelligente Email Versand. Da wird eine Botschaft in mehrere Teilbotschaften zerlegt und in Abständen verschickt.

So wird der Empfänger nicht nur einmal mit einem Unternehmen, einer Botschaft etc. konfrontiert, sondern öfters – ein Muss bei der heutigen Flut an Mails.

Wenn das an mehrere Empfänger gehen soll, muss dieser Prozess automatisiert werden.

34. Instant access

In entwickelten Online Märkten bereits eine Selbstverständlichkeit, in unserem Sprachraum noch etwas weniger verbreitet, ist die Möglichkeit, Online Produkte wie Software, eBooks u.ä. bei Bezahlung mit Kreditkarte bereits Sekunden nach der Kartenüberprüfung herunterladen zu können.
Eine Riesenmöglichkeit für den, der das zur Verfügung stellen kann.

35. Diskussions- Boards

Diskussions- Boards können sich schnell zu einem starken Instrument entwickeln, um Besucher wieder und wieder auf eine Webseite auf Seite zurückzuholen.
Es gibt Boards, die bekommen 500.000 und mehr Hits monatlich, ohne auch nur einen Groschen für Werbung auszugeben.
Die Besucher kommen einfach zurück, um gratis Informationen zu erhalten.

Ein Message Board mit einem Newsletter und einer gut durchdachten Strategie sind ein starkes Rezept für Interneterfolg.

Dabei gehören Diskussions- Boards zu den einfach zu erstellenden Programmen und erzielen Preise zwischen $200 - $400.

36. Personalisierte Newsletter

Mit Email versandte Newsletter sind der beste Weg, um mit einem potentiellen Kunden in regelmäßigem Kontakt zu bleiben, eine persönliche Beziehung aufzubauen und Umsätze zu erzielen.
Häufig verwendet werden persönlich adressierte Newsletter, die jeden Empfänger persönlich ansprechen ("Guten Tag Herr Müller.........).

Suchen Sie sich CGI Programme, die zur Newsletter-Erstellung dienen, aus der oben angeführten Seite heraus und lernen Sie, diese auf Webseiten zu installieren.

37. Postkarten

Sind zwischenzeitlich weit verbreitet, was aber nicht heißt, dass sie deswegen nicht mehr funktionieren.
Sie tun es unzweifelhaft!
Jemand kommt auf eine Seite und kann von dort eine virtuelle Postkarte an einen Freund senden.
Dann besucht der Freund diese Seite und kann von dort wieder eine Karte an jemand anderen verschicken.
Jedes Mal, wenn eine Postkarte verschickt wurde, wird wieder jemand auf dieser Seite landen.

Zurzeit sind Postkartenprogramme erhältlich, die mit eigenen Graphiken, Musik und anderem mehr ergänzt werden können.

Sie können individuell für jede Seite, jedes Thema, Urlaub usw. gestaltet werden.

Obwohl es scheint, als würden sie bereits überall benutzt werden, bringen sie trotzdem Besucher auf die Seite.

38. Einzigartige Trafficprogramme

Es kommen täglich neue Programme und Ideen auf den Markt, die helfen, automatisiert mehr Besucher auf eine Seite zu bringen.

Finden Sie so ein Programm oder entwickeln Sie selbst eines. Sie starten damit sicher eine lukrative, zusätzliche Einkommensquelle.

39. Werden Sie der nächste Bill Gates

Womit verdient der reichste Mann der Welt sein Geld?

Er verkauft Software........natürlich nicht irgendeine.
Er verkauft die Software, die jeder braucht, wenn er einen Computer benutzen will.
Wenn Sie in der Lage waren, dieses eBook zu öffnen, dann verwendet Ihr PC eine Kopie seiner Software – Windows.

Warum Software als Produkt ?

Vorweg, jede Kaufentscheidung basiert auf einem der beiden, folgenden Gründe:

1. Lustgewinn oder 2. Problembeseitigung

Jeden Tag bekommen Computer ein bisschen mehr Bedeutung, beeinflussen oder kontrollieren wieder einen neuen Bereich unseres Lebens.
Damit einher geht aber auch der Frust, den der Umgang mit ihnen verursacht.
Ich glaube nicht, dass es etwas gibt, das mehr Frust erzeugen kann, als den Umgang mit einem Computer zu erlernen.

Eines der populärsten Videos im Internet ist jenes, in dem jemand aus Frust über den störrischen Blechkasten wütend auf seinen Computer eindrischt.
Ich bin sicher, dieser Gedanke ist jedem, der dieses Buch liest, auch schon einmal gekommen.

Nun lassen sich diese Frustrationen auch zum Vorteil nutzen.
Wie gesagt, einer der Gründe, warum Leute etwas kaufen, ist, um Probleme zu beenden. Und das ist das Ziel vieler Softwareprodukte am Markt.
Sie können helfen, Probleme zu beseitigen.

Was macht ein Schreibprogramm für Sie?
Es hilft Ihnen, viel schneller zu schreiben und Sie können damit leichter korrigieren.

Es macht Ihre Arbeit um vieles einfacher als mit einer altmodischen Schreibmaschine.

Wissen Sie was? Die Leute werden ganz schnell alles kaufen, was Ihre Probleme beseitigt, und zwar ohne dass Sie es ihnen besonders verkaufen müssen.
Wenn die merken, dass es eine Lösung für ihre Probleme gibt, ist der Verkauf ohne großen Aufwand getätigt.

Softwareverkäufe sind ein gutes Hauptgeschäft, es kann aber auch als eine zusätzliche Einkommensquelle für die meisten Webseiten dienen.

Natürlich ist es die beste Lösung, selbst Software zu produzieren. Nur das ist nicht so einfach und kann Jahre dauern.
Und Programmierer anzustellen, ist für die meisten kleineren Geschäfte nicht erschwinglich.

Aber wir wären nicht im Internet, gäbe es für dieses Problem nicht auch eine Lösung.

Sehen Sie sich bei Anbietern von Softwareprogrammen um.
Gerade der Internet Marketingbereich verlangt - und bekommt sie auch – nach immer neuen Lösungen, um Dinge schneller, kundenfreundlicher, gezielter usw. abwickeln zu können.
Emailprogramme, Content Management, Autoresponder sind nur einige davon.

Und jeder Hersteller ist an Webseiten Betreibern interessiert, die seine Produkte für ihn an den Mann bringen.

Sehen Sie sich auf den entsprechenden Seiten um, verfassen Sie Besprechungen, Empfehlungen, erklären Sie schwer verständliche Bedienungsanleitungen, beteiligen Sie sich an Diskussionen in Newsgroups usw. – Ihrem Einfallsreichtum und Ihren Aktivitäten sind da keine Grenzen gesetzt.

40: Produzieren Sie Ihre eigenen Videos

Wir haben Videos ja bereits einmal kurz angesprochen, aber ich widme diesem Bereich hier ein eigenes Kapitel, um Ihnen noch einige zusätzliche Ideen zu zeigen.

Videos sind ein unheimlich populäres Instrument, um Informationen zu veröffentlichen und das hat gute Gründe:

Die meisten Verbraucher mögen es, wenn sie Informationen über Video erhalten, sie sind das vom Fernsehen gewohnt.
Viele Leute haben weder Zeit noch Lust, Bücher zu lesen. Das bietet einem cleveren Unternehmer die Möglichkeit, für spezielle Nischenmärkte Videos herzustellen.
Dass wir uns richtig verstehen, ich spreche von kostengünstigen Videos, die für eine spezifische Verbrauchergruppe hergestellt werden.

Das soll weder eine Hollywood Produktion werden noch wird das Fernsehen diese Filme senden.
Das ist nicht unsere Liga.

Suchen Sie sich einen Markt aus, der diese beiden Giganten nicht interessiert. Sie wollen nicht ins Massengeschäft.
Sie gehen dorthin, wo der Markt für Hollywood viel zu klein, für Sie aber groß genug ist, um einen guten Gewinn einzufahren.

Ich möchte hier nicht zu viele Einzelheiten einer Videoproduktion besprechen, nur soviel dazu:
Sie brauchen sicher keine teure Ausrüstung und müssen auch nicht alles erlernen, was die Profis auf diesem Gebiet beherrschen.
Wenn Sie diesen Weg gehen würden, bräuchten Sie Jahre und Tausende von EUROS, bevor Sie Ihr erstes Video produzieren könnten.

Der einfachste Weg, um Ihr eigenes Video zu produzieren, ist folgender: Sie entwickeln die Idee und eine Schritt für Schritt Ablaufsbeschreibung (ein so genanntes Storyboard).
Dann mieten Sie sich die Techniker und die Ausrüstung, Studios können gemietet werden, Produzenten auf freelance Basis beschäftigt werden.
So brauchen Sie weder etwas selbst zu erlernen noch zu kaufen.

Um mit dem entsprechenden Personal einen Videofilm in einem Tag zu produzieren, müssen Sie ca. EURO 500 - 1000 veranschlagen, ein Bruchteil von dem, was Sie für eine eigene Ausrüstung ausgeben müssten.

Ist das Video fertig gestellt, lassen Sie es vervielfältigen (Sie können über Suchmaschinen jede Menge Firmen finden, die das für Sie übernehmen) und beginnen, Ihre Marketingoperation vorzubereiten, sodass Sie dann sofort verkaufen können. Sie brauchen 3 Sachen, um loslegen zu können:

Eine Webseite (entweder erstellen Sie diese selbst oder lassen sie von jemanden machen)
Bereiten Sie eine Presseveröffentlichung für die in Aussicht genommenen Zeitungen/Zeitschriften und Newsletter vor.
Erstellen Sie ein Bestell- und Auslieferungssystem

So ein Video wird Sie nicht sofort zum Millionär machen, aber es ist ein Weg, mit dem Sie Ihr eigenes Informationsgeschäft schnell starten können.
Sobald Sie ein gutes Konzept und Script gefunden haben, brauchen Sie höchstens 2 Wochen, um das gesamte Projekt ins Laufen zu bringen.

Liegt Ihr Produkt dann erst einmal am Autopiloten (wird mit Kreditkarten bezahlt und automatisch ausgeliefert) und beginnt, die ersten Gewinne zu erwirtschaftet, dann können Sie schon mit einer neuen Idee starten.

Nach einer gewissen Zeit werden Sie jeden Monat ein neues Video produzieren können, da Sie das System dafür aufgebaut haben und beherrschen (dann können Sie sich auch mit dem Gedanken an eine eigene Ausrüstung beschäftigen).

Ich kann Ihnen nicht sagen, welche Videos Sie machen sollen, aber ich gebe Ihnen ein paar Anstöße für Ihre eigenen Überlegungen.

41. Gewusst Wie

Bleiben wir also bei den Videos und sehen uns ein paar Ideen an.
Sind Sie auf einem Gebiet Experte? Ich hoffe doch! Nun, der einfachste Typ eines Nischenvideos ist der, in dem gezeigt wird, wie man etwas macht.
Sie können zeigen, wie man eine Webseite baut oder einen Motor repariert.
Es kann über Nähen oder Ping Pong sein.
Es kann alles sein, was Sie beherrschen (oder Sie suchen sich jemanden, der es beherrscht).
Stellen Sie nur sicher, dass es nicht etwas ist, was an jeder Ecke zu bekommen oder zu sehen ist.
Es sollte einzigartig sein.

42. Veranstaltung

Das schnellste Video erhalten Sie natürlich, wenn Sie eine Show oder eine Verkaufsveranstaltung direkt aufnehmen.

Wenn Sie die Genehmigung dazu bekommen (schreiben Sie einfach an den Veranstalter oder rufen Sie ihn an), dann interviewen Sie die Leute dort und nehmen das auf. Solche Veranstaltungen finden zu Tausenden jährlich statt, so dass Sie sicherlich eine finden können, aus der sich ein interessantes Video herstellen lässt.

43. Software

Erinnern Sie sich noch an den Frust, als Sie versuchten, mit neuen Programmen umgehen zu lernen.
Das war doch häufig wirklich ein Riesenproblem.
Für einen Unternehmer bedeutet das eine Geschäftsmöglichkeit. Für Sie zusätzlich: ein neues Video.

44. Technologie

Neue Technologien bringen auch immer neue Probleme und Frustration mit sich.
Für jede neue Technologie kann man Videos produzieren. Sie können zeigen, wie man diese Programme verwendet und Probleme vermeidet. Überlegen Sie sich Hilfsmittel dazu und halten Sie die Augen offen.
Es tauchen jeden Tag neue Gelegenheiten auf.

45. Demos

Viele Firmen verwenden immer häufiger Videokataloge oder Demos Ihrer Produkte. Das funktioniert besonders gut bei teureren Produkten.

Es ist schwierig, Online über einem bestimmten Preisniveau zu verkaufen, diese Schwelle lässt sich aber mit dem Einsatz von Videos zur Produktpräsentation leichter überwinden. Eine weitere Möglichkeit für Sie.

46. Seminare

Jede Woche werden Hunderte von Seminaren veranstaltet. Sie können jedem Veranstalter vorschlagen, sein Seminar gratis aufzunehmen und ihm die vollen Vervielfältigungsrechte für alle Videos geben, wenn er Ihnen ebenfalls dieses Recht zugesteht.

Dies kann ein einfacher Weg sein, um zu Ihrem eigenen Video über ein populäres Thema zu gelangen (es war ja populär genug, um ein Seminar dazu abzuhalten).

47. Hobbys

Wenn mich Leute danach fragen, was sie als Heimarbeit machen könnten, antworte ich ihnen immer: "Machen Sie doch Ihr Hobby zu Ihrer Heimarbeit"! Was für Hobbys haben Sie?
Jedes Ihrer Hobbys kann eine gute Gelegenheit für ein Video sein.
Ob Sie nun Hunde ausbilden, Bilder malen oder Cartoons zeichnen, Sie werden immer einen Markt für Ihr Video finden.

Blättern Sie in Zeitschriften, die über dieses Gebiet schreiben und lesen Sie die entsprechenden Artikel und Anzeigen.

48. Probleme

Wie schon erwähnt, kaufen Leute aus zwei Gründen: um Vergnügen zu bekommen oder um Probleme zu beseitigen.
Finden Sie die Probleme von Leuten heraus und machen Sie ein Video, das zeigt, wie sie diese Probleme beseitigen können.

Für Sie als Unternehmer sind Probleme keine Probleme. Das sind Gelegenheiten für neue Produkte. Beginnen Sie nach Problemen Ausschau zu halten.
Wenn Sie welche gefunden haben (und das sollte nicht länger als 5 Sec. dauern), beginnen Sie nach Lösungen zu suchen.

49. Träume

Machen Sie ein Video über die Träume von Leuten.... Um die Welt reisen, die besten Hotels, wie man eine Kreuzfahrt macht, romantische Restaurants oder Hotels usw.
Erfüllen Sie die Träume von Leuten nach Vergnügen. Geben Sie Ihnen Träume, an die sie ständig denken können.

50. Zu mieten

Machen Sie Videos für andere Firmen. Dazu müssen Sie allerdings lernen, wie man Filme macht, aber das ist sicher eine gute, zusätzliche Einkommensquelle, wenn Sie sich schon mit diesem Markt beschäftigen.
Es gibt da draußen auch eine Menge Firmen, die sicherlich gerne mit einer anderen Firma auf diesem Gebiet ein Joint Venture eingehen möchten.

51. Händler Netzwerk

Händler Netzwerke oder Partner Programme sind typische Internet Wege, um ein Mehrfacheinkommen mit einer Webseite zu erzeugen.

Ich empfehle im Allgemeinen jedoch nicht, so ein Partnerprogramm als Hauptprodukt zu verwenden, es kann allerdings als Zweitprodukt jeder Webseite zusätzliches Einkommen bescheren.

Es ist nämlich auf jeden Fall vorteilhafter für Sie, ein eigenes Produkt oder eine eigene Dienstleistung zu vermarkten, so dass Sie den Hauptteil der Erstumsätze von Ihren Kunden selbst bekommen.
Denn Partnerprogramme überlassen Ihnen im Allgemeinen nur zwischen 10 und 40% des durch Sie erzielten Umsatzes.

Wie wählen Sie nun das richtige Partner Programms für Ihre Seite aus?

Wenn Sie nach einem Partner Programm Ausschau halten, sollten Sie sich die folgenden Hauptfragen stellen:

Passt es zu meinem Gesamtthema? Bleiben Sie bei einem Thema.
Wir haben das ja schon angesprochen.
Entwickeln Sie ein Thema und dann bleiben Sie dabei. Viel zu viele Webseiten sind zu einem reinen Sammelplatz für Partnerprogramme geworden.
Tun Sie das nicht. Stellen Sie sicher, dass sich eine Strategie durch Ihre Seite zieht. Verkaufen Sie nicht Ernährungsprodukte und Software auf einer Seite.
Das funktioniert nicht und verwirrt nur Ihre Kunden. Alles auf Ihrer Seite sollte zusammenpassen.

Ist es ein gutes Produkt oder eine solide Dienstleistung?
Stellen Sie sicher, dass Sie, was immer es ist, es enthusiastisch verkaufen können.
Mögen Sie dieses Produkt oder versuchen Sie nur, damit Geld zu verdienen?
Die Leute werden sehr schnell merken, wenn sie auf Ihre Präsentation schauen.
Stellen Sie sicher, dass Sie ein Produkt haben, das Sie auch Ihrer Familie empfehlen würden.

Sie werden nichts verdienen, wenn das Programm nicht zahlt.

Fragen Sie bei anderen Partnern.
Springen Sie aber nicht sofort auf ein Programm, nur weil
es gut zu zahlen scheint.
Wenn es nicht zu Ihrer Seite passt oder Sie selbst nicht
begeistern kann, dann vergessen Sie es besser.

52. Mitgliederseite Jetzt beginnt die Kür.

Wäre das nicht schön, wenn Sie Monat für Monat
zusätzlich EURO 500, 1000, 2000 oder gar noch mehr
regelmäßig erhalten würden, ohne dafür ein weiteres
Produkt verkaufen zu müssen?

Keine Angst ... ich spreche hier nicht von Network
Marketing oder ähnlichem. Ich versuche auch nicht, Sie
für einen Kettenbrief – Schwachsinn zu rekrutieren.

Ich spreche hier über so genannte Mitgliederseiten, über
Subskriptionen oder Abonnements.
Das Prinzip dieser Seiten ist einfach und schnell erklärt:

Sie erstellen eine Webseite, die nur zahlenden
Mitgliedern zugänglich ist und bieten über diese Webseite
regelmäßige Informationen und verdienen so Geld,
Monat für Monat, vielleicht sogar für den Rest Ihres
Lebens.

Obwohl es Subscription Sites lange nur im Erotik Geschäft gab, werden sie nun auch im „normalen" Online Markt immer populärer.

Tatsächlich gibt es in den USA eine Seite im Aktienmarkt, die Subscriptions für $300 monatlich verkauft und bereits mehrere tausend Abonnenten hat. Rechnen Sie sich aus, was dabei herauskommt.

Ich habe erfolgreiche Beispiele für Mitgliederseiten nicht nur in der Erotik oder im Aktienmarkt gesehen, sondern auch für Nachrichten, Suchmaschinen und Internet Marketing, Traffic und dann für Industrie spezifische Quellen. In jedem Markt gibt es Platz dafür.

Um aber Erfolg zu haben, müssen Sie schon wirklich einzigartige Informationen oder Hilfsmittel anbieten können, die jedermann im Markt brauchen kann.

Wenn ich zum Beispiel einen bezahlten Newsletter verkaufen möchte, dann brauche ich auf jeden Fall einzigartige Informationen, die sonst nirgendwo erhältlich sind.

Denken Sie daran, dass der größten Teil der Informationen und die meisten Hilfsmittel, die Sie verkaufen wollen, im Internet gratis erhältlich sind, wenn man nur konsequent genug danach sucht.

Der Trick ist, dass Sie Ihre Informationen so anbieten, dass sie leichter und einfacher zu finden und auch anzuwenden sind.

C-Net berichtet, dass nur 10% der Internet Verwender bereit sind, für den Besuch einer Webseite zu bezahlen, dass diese Zahl aber täglich steigt.

Die Leute werden zunehmend frustriert, wenn sie im Netz Millionen von Seiten durchsuchen müssen, um zu finden, was sie suchen.

Wenn Sie eine leicht zu nutzende Möglichkeit anbieten, dann werden Sie daran verdienen, dass Sie den Leuten ihre Frustration nehmen.

53. Die komplette Quelle

Diesen Typ einer Mitgliederseiten können Sie dann einführen, wenn Sie alle Informationen zusammenstellen, die jemand braucht, um ein bestimmtes Geschäft zu starten und Sie dazu auch die entsprechende Unterstützung anbieten können.

Es gibt bereits Internetseiten, die Internetmarketing Informationen, Software Downloads, Produkte für den Verkauf, Diskussions- Foren mit anderen Unternehmern und vieles mehr anbieten.

Gegen Entgelt.

Sie können dasselbe in Ihrem Geschäftsbereich machen.

54. Ressourcen Liste

Wenn Sie eine komplette Ressourcen Liste für einen bestimmten Markt zusammenstellen und diese

regelmäßig auf den neuesten Stand bringen können, dann haben Sie eine potentielle Mitgliederseite.
Finden Sie eine einmalige Idee, nach der jedermann sucht, dann haben Sie Ihr Zusatzeinkommen gefunden.

55. Wegweiser

Veröffentlichen Sie einen Wegweiser für einen bestimmten Geschäftsbereich und Sie haben die Mitgliederseite, von der die Leute im Netz träumen. Erstellen Sie einen Pfad nach dem andern, der die Leute, die nach einem bestimmten Produkt suchen, zu Ihrer Webseite führt.

56. Audio Bank

Veranstalten Sie ein Online Audio Seminar. Zeichnen Sie Interviews mit führenden Industriemanagern, Verkaufstrainern und sonstigen Experten auf. Sie werden sehen, diese Interviews sind gar nicht so schwer zu bekommen, gerade die Erfolgreichen geben ihr Wissen gerne weiter.
Erstellen Sie eine komplette Online Audio Bank mit neuen Informationen und Interviews, die Sie regelmäßig auf der Webseite veröffentlichen.

57. Video Bank

Machen Sie dasselbe mit Video. Nehmen Sie jede Woche oder jeden Monat ein neues Video mit guten Informationen auf.

Dieser Typ Seite wird mit steigenden Übertragungsgeschwindigkeiten von Jahr zu Jahr populärer werden.

58. Web Cam

Einzigartige und interessante Web Cam Seiten haben im vergangenen Jahr von Mitgliederseiten profitiert.
Der Schlüssel zum Erfolg ist auch hier, zuerst genügend guten Gratis Inhalt anzubieten und dann die zahlungspflichtige Mitgliedschaft so attraktiv zu machen, dass das Abonnement monatlich erneuert wird.

59. Newsletter

Wie können Sie einen Newsletter für Geld verkaufen, wenn es Tausende davon gratis gibt? Einzigartig sein ist auch hier das Rezept.
Nicht nur, dass Ihre Informationen die besten sein müssen, Sie müssen zusätzlich auch einen Gratisbonus mit der Mitgliedschaft vergeben, der dem Wert des Newsletter entspricht oder ihn sogar übersteigt.
Lassen Sie Ihre potentiellen Abonnenten wissen, dass sie mehr bekommen, als sie bezahlen.

60. Web Dienstleistungen

Web Services zu verkaufen, ist so ziemlich die populärste Art von Subskription, die im Internet verkauft werden.

Jedes Geschäft braucht eine Webseite und Sie können davon profitieren.
Es gibt eine Menge Web Services da draußen, die Provisionen bezahlen.

61. Up-to-the–minute

Bei weitem die aufregendsten und profitabelsten Mitgliederseiten sind diejenigen, die regelmäßigen up-to-the-minute Service bieten.
Seiten für Aktienmärkte, die regelmäßig auf den neuesten Stand gebracht werden, bringen manchmal bis zu Euro 2000 und mehr im Monat - und behalten auch die meisten Mitglieder.
Wenn Sie in einem Marktbereich tätig sind, der regelmäßig Informationen braucht, dann kann das möglicherweise das erfolgreichste Geschäft für Sie werden.

Einer der teuersten Internet Marketing Consultants der Welt, Jay Abraham, sagte einmal, dies ist der schnellste und sicherste Weg auf Erden, um ein Vermögen zu machen ... und wenn ich einen weiteren Weg, um Geld zu machen, auswählen müsste, es wäre dieser.

Joint Venture Marketing machte J. Abraham und die Gesellschaften, mit denen er zusammen arbeitete, zu Millionären ... was Sie damit anfangen?

Um eine einfache Variante zu erklären, Joint Venture Marketing liegt vor, wenn eine Firma, die einen beachtlichen Kundenstock hat, eine Empfehlung für die Produkte oder Dienstleistungen eines anderen Unternehmens abgibt und mit diesem die Gewinne teilt.

Dies basiert auf einer Geschäftsregel, die da lautet: "Leute ziehen es vor, von jemandem zu kaufen, dem sie vertrauen".
Das wertvollste Guthaben, das Sie in Ihrem Geschäft haben, ist die Beziehung, die Sie zu Ihren Kunden aufgebaut haben.
Dies ist ein Aktivposten, der sich nicht in Geld messen lässt - er wird dadurch nicht einen Cent weniger wert.
Wenn Sie lernen, ihn richtig einzusetzen, ist er sogar Goldes wert.

Ein Joint Venture kann zum Beispiel zwischen dem Herausgeber eines Newsletter und dem Hersteller eines Produktes abgeschlossen werden.
Der Herausgeber empfiehlt das Produkt.
Alles, was er zu tun hat, ist ein Empfehlungsschreiben zu versenden, in dem er die Vorteile des Produktes und des Produzenten anpreist.

So ein Angebot erzielt erfahrungsgemäß 10-mal höhere Umsätze.

Warum? Die Empfänger aus der Mailing Liste vertrauen der Empfehlung des Besitzers der Liste, da sie mit ihm in der Vergangenheit gute Erfahrungen gemacht hatten.

Was hat das mit Ihrem Geschäft zu tun?

Eine ganze Menge............

Wenn Sie der Eigentümer eines Produktes sind:
Es gibt Tausende Webseiten, die mit ihren Kunden eine gute Beziehung aufgebaut haben, die Opt-In Email Listen haben, Diskussions- Foren oder regelmäßige Besucher ihrer Seite.
Die haben die Zielgruppe, die Sie für den Aufbau Ihres Geschäftes brauchen können.

Wenn Sie der Besitzer einer Kundenliste sind:
Wenn Sie das richtige Angebot finden und es den 10.000 Mitgliedern Ihres Newsletters zusammen mit einer attraktiven Verkaufsaktion anbieten, können Sie sehr schnell eine Menge Geld verdienen.
Und Sie müssen keine Sekunde dafür verwenden, ein Produkt selbst zu entwickeln.

Sie haben weder Produkt noch Liste:
Sogar wenn Sie bei Null starten, können Sie Joint Venture Marketing für Ihren Vorteil nutzen. Sie können z.B. als Vermittler Produkte auf der einen und Listenbesitzer auf der anderen Seite finden und zusammen bringen.

Wenn Sie das auf der Basis von Gewinnbeteiligungen abwickeln, dann können Sie ohne weiteres auf 10% - 30% vom Gewinn kommen.

Wie finden Sie diese Deals?

Es gibt unzählige Möglichkeiten, aber ich helfe Ihnen, Ideen zu finden mit den folgenden 4 Techniken:

1. Nehmen Sie Kontakt mit Newsletter Herausgebern auf.
2. Viele von denen haben über 10.000 und mehr Mitglieder.
3. Nehmen Sie an Diskussionsgruppen teil.
4. Suchen Sie in Suchmaschinen nach potentiellen Partnern.

Wie kontaktieren Sie einen möglichen Partner?

Wenn Sie erst einmal einen potentiellen Partner gefunden haben, schreiben Sie eine Email an den Entscheidungsträger.
Schreiben Sie ihm, dass Sie die Möglichkeit sehen, gemeinsam Profit zu machen. Das kostet Sie noch gar nichts.
Dann rufen Sie ihn an.
Stellen Sie sich vor und erzählen Sie von Ihrem Plan.
Sprechen Sie mit ihm über die Informationen, die Sie hier erhalten haben und Sie werden erleben, dass Sie mit

einem durchdachten Plan eine Menge Deals zum beiderseitigen Gewinn abschließen werden.

Denn diese Leute sind - so wie Sie ja auch - daran interessiert, im Internet Geld zu verdienen!

*** Ich habe Ihnen hier eine Reihe von Geschäftsmöglichkeiten und Tipps aufgezeigt, von denen jede einzelne der Anstoß für einen erfolgreichen Start in ein Online Geschäft sein kann.

Geben Sie sich jedoch keinen Illusionen hin - um online ein Geschäft aufzubauen, bedarf es all der Eigenschaften, die auch im „normalen" Geschäftsleben Voraussetzungen für den Erfolg sind:

Eine gute Idee alleine reicht nicht aus, da müssen Fleiß, Unternehmergeist und Härte gegen sich selbst, der Wille zu lernen und noch einiges mehr hinzukommen, wenn etwas daraus werden soll.

Vor allem findet sich im Internet kein Goldesel, der dort auf die Faulen, die Dummen und die geborenen Verlierer wartet, um sie mit Dukaten zu überschütten.

Allerdings bietet das Internet ganz entscheidende Vorteile für den Start eines eigenen Geschäfts:

Im Gegensatz zu einem „normalen Geschäft" können Sie im Internet mit geringen Investitionen starten.
Sie brauchen weder Geschäftslokal noch Personal, ein PC ist alles, was für den Anfang erforderlich ist.

Sie können sich einen Großteil der notwendigen Kenntnisse selbst aneignen und müssen keine teuren Dienstleistungsunternehmen bezahlen.

Wie Sie eine eigene Webseite (in den meisten Fällen ist das eher ein Salesletter) bauen und dann betreuen, können Sie in leicht verständlichen Kursen lernen.

Einen soliden Marketingplan zu erstellen, ist ebenfalls keine Hexerei. Mit einem entsprechend vorbereiteten und durchdachten Marketingplan werden Sie sich eine Menge Leerkilometer und Geld ersparen.

Auch im Internet beginnt man langsam zu begreifen, dass eine Webseite oder ein Salesletter kein Tummelplatz für selbstverliebte Webdesigner ist. Kein Verbraucher kauft Design, er kauft seinen Produktnutzen.
Und den müssen Sie ihm verkaufen - mit dem richtigen USP, mit Schlagzeilen, die seine Aufmerksamkeit wecken und einem Text, der bei ihm das Bedürfnis weckt, diesen Nutzen zu besitzen. USP, Schlagzeile, Copy, darauf kommt es an!

Natürlich gibt es dann noch eine Menge von Techniken, wie Newsletter Marketing, Bonusprodukte, sofortigen

Zugang zum Produkt, Zahlungsmethoden usw. aber auch dazu finden Sie gute Anleitungen im Netz.

62. Affiliate Marketing

Affiliate-Systeme (engl. affiliate „angliedern") sind internetgestützte Vertriebsarten, bei denen in der Regel ein kommerzieller Anbieter (engl. Merchant oder Advertiser) seine Vertriebspartner (engl. Affiliates oder Publisher) durch Provisionen vergütet. Der Produktanbieter stellt hierbei Werbemittel zur Verfügung, die der Affiliate auf seinen Websites verwendet oder über andere Kanäle wie Keyword-Advertising oder E-Mail-Marketing einsetzen kann.

Affiliate-Systeme basieren auf dem Prinzip der Vermittlungsprovision. Die Vermittlung geschieht in der virtuellen Welt des World Wide Web durch einen Link. Ein solcher Affiliate-Link enthält einen speziellen Code, der den Affiliate eindeutig beim Händler identifiziert. Vereinfacht heißt das: Durch den Link mit Partnerkennung erkennt der Händler, von wem der Kunde geschickt wurde. Die Provision wird für die reinen Klicks auf das Werbemittel („Click"), die Übermittlung qualifizierter Kundenkontakte („Lead") oder den Verkauf („Sale") gezahlt. Im Gegensatz zum Merchant (wörtlich: Händler; hier auch Programm-Anbieter oder -Betreiber), der Waren oder Dienstleistungen anbietet, fungiert der Affiliate also lediglich als Schnittstelle zwischen Händlern und potenziellen Kunden.

Klickt jemand also auf einen solchen Affiliate-Link, so wird er auf die Seite des entsprechenden Händlers weitergeleitet. Hierbei werden Parameter übertragen, die die konkrete Zuordnung des generierten Umsatzes durch einen Publisher ermöglichen. Diese Methode wird Tracking genannt. So ermöglicht Cookie-Tracking das Zuordnen und Verfolgen eines Besuchers anhand eines Cookies. Der gespeicherte Cookie auf der Festplatte des Besuchers ermöglicht so das anschließende (auch bei zeitversetzter und unterbrochener Interaktivität) Wiedererkennen und Nachverfolgen. Das Tracking mithilfe von Cookies ist die am meisten genutzte Methode beim Affiliate-Marketing, um eine Person dem entsprechenden Affiliate zuordnen zu können.

Mit Affiliate-Marketing-Systemen im Online-Kooperationsmanagement vermarkten Firmen ihre Produkte und Dienstleistungen durch Verlinkung auf Partner-Webseiten. Für generierten Umsatz oder messbaren Erfolg werden Provisionen gezahlt. Dies ist ein Vorteil für den Produktanbieter, jedoch ein Nachteil für den Anbieter des Werbeplatzes, da das Geschäftsrisiko des Produktanbieters je nach Wahl des Konditionsmodells zu einem nicht unerheblichen Teil auf den Werbeplatzanbieter übergeht. Da das Inventar bei dem Werbeplatzanbieter nicht unendlich vermehrt werden kann, wird er sich vorher überlegen, mit welchem Affiliate-Programm er die besten Ergebnisse erwartet. Für den Produktanbieter entsteht so Druck, ein faires Abrechnungsmodell zu finden.

Affiliate-Marketing kann auch ohne Internet ("offline") umgesetzt werden. Hierzu können gedruckte Gutscheine verwendet werden, die einen Code enthalten, um die Publisher zu identifizieren. Die Vergütung erfolgt entweder als Pay per Lead oder Pay per Sale.Arten von Teilnehmern.

Affiliate-System-Betreiber
Der Affiliate-System-Betreiber ist für die Bereitstellung und den Betrieb des Portals zuständig. Er hat den fehlerfreien Betrieb zu gewährleisten und ist für die Vermarktung des Portals zuständig. In der Realität unterscheidet man zwei Arten von Betreibern. Zum einen haben sich unabhängige Plattformen, die Affiliate-Netzwerke, etabliert, welche als Schnittstelle zwischen Händlern (Merchants) und Vertriebspartnern (Affiliates) fungieren. Diese sind vor allem für die Bereitstellung und Administration der Technik und die finanzielle Abwicklung zuständig. Andererseits sind Plattformen zu finden, innerhalb derer der Händler selbst die Betreiberfunktion übernimmt (sog. „In-House Programme"). Diese von den Händlern selbst betriebenen Partnerprogramme spielen im deutschen Markt kaum eine Rolle. Beim Spendenmarketing wird die Provision an eine registrierte Organisation gezahlt.

Händler
Händler, also Werbetreibende und Merchants stellen ihre online angebotenen Produkte und Dienstleistungen über das Affiliate-System zur Verfügung und ermöglichen den angeschlossenen Vertriebspartnern die Vermarktung der Güter über deren Websites. Den Vertriebspartnern (Affiliates, Publisher) werden Werbemittel zur Verfügung

gestellt, mit denen sie auf ihrer Website oder (bei E-Mail-Publishern) per E-Mail werben können. Erzielt der Vertriebspartner Erfolge (durch einen Verkauf, eine Registrierung, einen Website-Besuch), zahlt der Händler die vorher für die jeweilige Vertriebsart festgelegte Provision.

Vertriebspartner
Vertriebspartner (Publisher, Affiliates) nutzen das Affiliate-System zur Kooperation mit den angeschlossenen Shop-Betreibern (Händler). Sie profitieren durch den Verkauf der auf den eigenen Websites beworbenen Produkte.

Konditionsmodelle

Pay per Click
Hier wird die Provision pro erfolgtem Klick auf das Werbemittel gezahlt. Die Abrechnung von Sponsored Links, Werbeanzeigen über und unter den Suchergebnissen, wie bei Google AdWords oder bei Yahoo! Search Marketing wird nach diesem Modell berechnet.
Verschiedene Techniken wie eine IP-Sperre verhindern Mehrfachklicks eines einzelnen Benutzers.
Als problematisch für den Betreiber des Affiliate-Systems erweist sich bei dieser Vergütungsform die Tatsache, dass die Qualität der weitergeleiteten Besucherströme sich nur schwer beeinflussen lässt, da anders als bei den folgenden Vergütungsmodellen keine Mindestanforderungen zu bestimmten Aktionen der Besucher bestehen.

Eine Pay-per-Click-Provisionierung wird daher in der Regel bei kurzfristigen Werbekampagnen zur reinen Erhöhung der Reichweite angewandt, die nicht direkt im Zusammenhang mit dem Kauf oder Verkauf von Produkten gebracht werden können.

Pay per Lead
Die Provision wird pro Kontaktaufnahme durch den Kunden gezahlt, beispielsweise bei Anforderung von Werbematerial durch den Kunden.
Pay per Lead eignet sich insbesondere für die Online-Vermarktung beratungsintensiver Güter.
Produkte, die sich inhaltlich komplex darstellen, werden von Kunden nur selten ohne eingehende Beratung über das Internet bestellt, weshalb eine „Pay per Sale"-Vergütung auszuschließen ist, da die Zuordnung eines offline bestellten Gutes zum jeweiligen Vermittler nicht möglich ist.
Der Vorteil des „Pay per Lead" gegenüber dem „Pay per Click" besteht jedoch in der aktionsgebundenen Entlohnung des Vertriebspartners.
Es wird nur qualitativ hochwertiger Traffic tatsächlich vergütet.

Pay per Sale
Die Provision wird gezahlt, sobald der Kunde Umsatz erzeugt.
In der Regel bedeutet das den Verkauf (englisch: sale) von Waren oder Dienstleistungen an den Kunden.
Ursprünglich stellte die Vergütung per Sale eine Einmalzahlung auf einen vermittelten Umsatz dar.

Um Vertriebspartner stärker an das eigene System zu binden, gehen einige Affiliate-Programme jedoch dazu über, nicht den einzelnen Umsatz, sondern sämtliche Umsätze eines Kunden dem jeweils werbenden Partner zuzuschreiben und entsprechend zu vergüten, entweder innerhalb eines Zeitraumes nach Klick (üblich 30 bis 90 Tage) oder „lifetime" (lebenslang, solange der Kunde immer wieder kauft oder Umsatz erzeugt).

„Lifetime"-Systeme dieser Art finden sich derzeit fast ausschließlich im Adult-Affiliate-Segment (Affiliate-Programme mit meist pornographischem oder erotischem Inhalt).

Dies lässt sich größtenteils auf die starke Konkurrenz angebotener Affiliate-Systeme zurückführen und auf die Tatsache, dass Kunden vor einem Kauf meist noch Testberichte zum Produkt lesen oder Preisvergleiche nutzen und erst später bestellen.

Die 3 Minuten-Homepage
In nur zwei Schritten GRATIS zu Ihrer eigenen Verkaufs-Homepage

(Tipp: Drucken Sie diese Anleitung aus und legen Sie sich die Seiten neben Ihren PC)
1. Schritt: Erstellen der Homepage

Gehen Sie auf die Webseite http://www.pen.io

Klicken Sie auf den Button:

„Create Your New Page"

Sie glauben es nicht, das war schon der erste Schritt! Ihre Webseite ist jetzt schon online und kann bearbeitet werden.

Lassen Sie uns jetzt gemeinsam Ihre Homepage mit Inhalt füllen.

2. Schritt: Fügen Sie Texte und Bilder ein und verdienen Sie Geld mit Ihrer Homepage

Klicken Sie dazu einfach mit dem Mauspfeil auf den Bereich in der Homepage, den Sie ändern wollen (Überschrift oder Textbereich).

Durch den Klick können Sie nun die Überschrift oder den Text einfügen und Bilder einfügen.
Probieren Sie es einfach mal aus!

So wird's gemacht:

1. Klicken Sie im Editier-Bereich Ihrer Homepage auf die Überschrift („Add Your Post Title Here").

(Wenn Sie noch nicht im Editier-Bereich Ihrer Webseite sind, klicken Sie im Fußbereich Ihrer Homepage auf den Link „edit page". Geben Sie dann Ihr Passwort ein, um in den Editier-Bereich zu gelangen.)

Entfernen Sie als erstes den aktuellen Text aus der Überschriftzeile (wie z.B. "Page Title") und schreiben Sie Ihren gewünschten Titel hinein.

Zum Beispiel „Geld verdienen im Internet".

Denken Sie auch an Ihre Email-Adresse und an das Impressum ganz am Ende.

4. Sie haben soweit alle Änderungen vorgenommen? Sehr gut, dann klicken Sie nun oben auf den Button „Publish".

Wählen Sie Ihr individuelles Passwort (so können nur Sie den Inhalt Ihrer Webseite später ändern).

Das Feld Author lassen Sie bitte unbedingt leer! (Nur wenn Sie Ihre Verkaufsseite mit Twitter verknüpfen wollen, können Sie hier Ihren Twitter-Namen eintragen.)

Und zum Schluss wählen Sie den gewünschten Namen für Ihre Homepage unter „Custom Page URL" ein.

Wenn nach Eingabe Ihres Namens dort ein roter Hinweis „This Name is staken" erscheint, dann ist Ihr Wunsch-Name leider schon vergeben.

Wählen Sie dann einen anderen!
Klicken Sie nun auf den Button "Publish".

Super, sehr gut gemacht!
Ihre Webseite kann nun bereits von Ihren Kunden besucht
werden!
Der Name Ihrer Homepage (Domain) lautet:
„Beispiel.pen.io" (ohne www!)

Ihre Homepage sieht jetzt schon sehr professionell aus.
Das waren doch keine 3 Minuten, oder?

Und jetzt?
Lassen Sie uns auf den nächsten Seiten Geld verdienen!

Häufig gestellte Fragen

Wie kann ich jetzt das erste Geld mit dieser Homepage verdienen?

Indem Sie sich ein oder mehrere Produkte auf Ihrer
neuen Homepage verkaufen!
Mehr Produkte=Mehr Geld

Kann ich mehrere Homepages erstellen?

Ja, absolut. Sie können so viele Homepages erstellen wie Sie wollen.

Wie lange bleibt meine Homepage online?

Ihre Homepage bleibt so lange online, wie Sie es wollen. Es gibt kein Ablaufdatum.

Ist die Homepage wirklich kostenlos?

Ja, definitiv. Sie bezahlen kein Geld und es wird keine Werbung eingeblendet

Wie ändere ich den Inhalt meiner Homepage?

Gehen Sie zu Ihrer Homepage "Beispiel.pen.io" (ohne www!) Klicken Sie im Fußbereich der Homepage auf den Link „edit page"
Geben Sie Ihr Passwort ein. Ändern Sie die Inhalte wie in Schritt 2 beschrieben.

Wie füge ich ein Bild in meine Homepage ein?

Gehen Sie zu Ihrer Homepage "Beispiel.pen.io" (ohne www!)
Klicken Sie im Fußbereich der Homepage auf den Link „edit page" Geben Sie Ihr Passwort ein.
Sie können ein Bild, das bereits online ist, einfügen. Nutzen Sie dafür den Befehl „:image" (ohne die Anführungszeichen) und anschließend den Speicherort.
Beispiel: „:image http://www.beispiel.de/bild1.jpg"

Ihr Bild können Sie ausrichten, indem Sie die Befehle „:imageleft" (links ausgerichtet) und „:imageright" (rechts ausgerichtet) nutzen.

Kann ich HTML nutzen, um meine Homepage schöner zu machen?

Selbstverständlich. Sie können die Basis-HTML-Elemente ganz nach Ihren Wünschen.

Wenn beim Erstellen der Homepage mal etwas nicht klappt, kann ich mich an Sie wenden?

Die Gratis-Homepage bietet ein externer Dienstleister an. Ich selbst empfehle lediglich diesen Anbieter.
Aus diesem Grund biete ich weder Support an, noch hafte ich für technische Mängel, Löschung des Homepage-Angebots oder sonstige Folgen, die sich aus der Nutzung ergeben.
Für Support-Anfragen kontaktieren Sie bitte direkt den Anbieter. Hier der Link: http://contact.pen.io

Anhang

<u>Erfolgreich Texten für Webseiten</u>

" Werbetexte, die nicht verkaufen, gehören eingesperrt"

Keine langen Vorreden ......
hier geht es um Webseiten Marketing und Werbung - in erster Linie jedoch um die Texte von Webseiten, um die Copy sowie um das Schreiben bzw. Verfassen dieser Texte, das Copywriting.
Wir reden hier über starke Texte. Über Texte, die sich nicht verstecken, die ins Auge springen.
Über Texte, die anlocken, die verführen!
Kurzum über Texte, die VERKAUFEN!
Möglicherweise liegt in dem, was Sie auf den nächsten Seiten erfahren werden, auch Ihr Schlüssel zu einem kräftigen und dauerhaften Anstieg Ihrer Verkäufe.
Dazu wird es allerdings notwendig sein, dass Sie ehrlich zu sich selbst sind und Informationen unvoreingenommen aufnehmen können. Ehrlich sich selbst gegenüber deshalb, weil es ohne weiteres sein kann, dass Sie im Laufe der Lektüre feststellen müssen, dass der Inhalt oder die Gestaltung Ihrer Webseite doch nicht so gut sind, wie Sie vielleicht geglaubt haben.
Vielleicht ist dann auch noch einiges an Bescheidenheit erforderlich, wenn Sie zugeben müssen, dass Ihre Fähigkeiten, gute Texte zu verfassen, völlig unzureichend sind.
Nur - wenn Ihre Webseite nicht die gewünschten Ergebnisse bringt – was bringt es dann, der Wahrheit nicht ins Gesicht zu sehen?
Was soll das Hoffen darauf, dass irgendwann alles schon besser werden wird, eigentlich bringen?
Damit lösen Sie sicher nicht Ihr Problem. Und auch der Glaube, dass gerade Sie irgendwann die „Zauberformel"

entdecken werden, mit der Sie dann Massen an Besucher auf Ihre Seite locken werden, bringt auch kein Geld in die Kasse.

Im Grunde genommen wird überhaupt nichts passieren - solange Sie nichts unternehmen!

"Sie glauben, Sie haben alles getan?"

Sie haben ein tolles Produkt. Und Sie haben es nach etlichen Monaten geschafft, in den wichtigsten Suchmaschinen Spitzenplätze zu erzielen.

Sie haben alles unternommen, um Ihre Linkpopularität zu steigern und haben sich an Besucher- und Bannertausch Programmen bis zum Abwinken beteiligt.

Ihre Seite sieht toll aus, Flash, Grafiken, sie lädt in Sekunden...

... und dennoch – lassen Sie mich raten – Ihre Umsätze sind nicht so, wie Sie es gerne hätten.

Die Kasse klingelt nicht, Sie halten sich in der umsatzfreien Zone auf, richtig?

Nun, es sind eben die Worte die verkaufen und nicht die Software, nicht die tollen Bilder und Grafiken.

Auch nicht Flash und Gimmicks! Und selbst 1 Million Besucher am Tag werden Ihnen keinen Umsatz bringen, wenn es Ihnen nicht gelingt, zumindest einige davon zum Kauf zu animieren.

Allerdings - das schaffen weder Flash, Intro (was für ein archaischer Unsinn) noch cooles Design.

Es sind die Worte, die starken, die aussagekräftigen, lockenden, verführerischen, überzeugenden Worte - professionell und kunstvoll eingesetzt - die verkaufen!

Ohne die richtigen Worte, mit denen Sie aus Besuchern Käufer machen, sind Sie tot. Mausetot!
Glauben Sie mir, ich kenne genügend Beispiele, wie anscheinend fähige und versierte Internet Unternehmer die Hose verloren haben, nur weil sie einfach nicht einsehen wollten, dass für gute Webseitentexte die Beherrschung der deutschen Sprache alleine nicht ausreicht. Natürlich hatten die dann für die traurigen Ergebnisse immer eine Menge Ursachen ... die Suchmaschinen, die
Wirtschaft, das Wetter ... !

Dann haben sie die ganze Seite noch mal neu getextet – natürlich selbst - und dann war auch noch das Hemd verloren.

" Es kommt darauf an, wie Sie etwas sagen!"

Es ist ein weit verbreiteter Irrtum, dass Leute, die gut reden können, auch gute Verkäufer sind.
Ein weiterer Irrglaube ist, dass ein guter Verkäufer ein besonderes Talent braucht, eines, das ihm bereits in die Wiege gelegt wurde.
Ich habe im Laufe meiner Karriere eine Menge von Leuten mit dem so genannten 'guten Spruch' erlebt, die ganz

lausige Verkäufer waren. Und einmal ehrlich, haben Sie je von einem Verkäufer etwas gekauft, der Ihnen ein Loch in den Bauch zu reden versuchte?

Oder der Sie mit seinem technischen Fachwissen 'vollgelabert' hat?

Da bin ich immer noch dankbar, dass ich damals, in meiner Marketing Assistentenzeit vor vielen Jahren, eine gute Ausbildung bekommen habe.

Das hat mir in meinem weiteren Berufsleben doch vieles erleichtert.

Wie erarbeitet man Ziele, wie findet man die richtigen Strategien, um diese Ziele dann auch wirklich zu erreichen, was heißt das, ehrlich zu sich und anderen sein, positiv denken... ohne das wäre eine Karriere nicht denkbar gewesen.

Und natürlich ... USP, point of difference, Verbrauchernutzen, die A.I.D.A Formel oder die '3 Rs' - die Richtigen Worte in der Richtigen Reihenfolge an die Richtige Person – das alles hat auch heute im Online Marketing nicht an Bedeutung verloren.

Im Gegenteil, gerade dort ist dieses Marketing 1x1 für den Erfolg des geschriebenen Wortes unverzichtbar. Und in aller Bescheidenheit, das alles hat mir dazu verholfen, gute Webseiten schreiben zu können. Bessere als die meisten.

"Welchen Nutzen werden Sie von diesem Tutorial haben?"

Ganz einfach. Sie werden lernen, wie Sie die richtige Kombination von starken, überzeugenden und

verführerischen Worten einsetzen, um Ihre Produkte erfolgreich über Ihre Webseite zu verkaufen.
Ich werde ich Ihnen beweisen, dass das Schreiben von starken Werbetexten keineswegs eine Zauberei ist, die nur die 'Begnadeten' beherrschen.
Im Gegenteil, wenn Sie bereits ein erfahrener Texter sind, kann das sogar ein ernsthafter Nachteil sein.

Sie werden hier die wesentlichen Bausteine einer Webseite, und zwar einer, die verkauft, kennen lernen. Und auch Sie werden dann die starken Webseiten Texte verfassen, mit denen endlich Umsätze ins Haus kommen. Aber von selbst geht auch hier nichts, Sie werden sich schon anstrengen müssen.

"Der erste Schritt, um die Gewinne

Ihrer Webseite zu vervielfachen! "

Holen Sie sich die Tipps der Erfolgreichen - der Toptexter und Internet Marketing Unternehmer.

- Wie Sie Ihren Umsätzen einen „Schnellstart" geben

- Wie Sie die richtigen Grundregeln anwenden Wie Sie Ihren USP – Ihr einzigartiges Produktversprechen – finden werden

- Wie Sie Schlagzeilen verfassen, an denen niemand vorbeigeht

- Wie Sie Werbetexte schreiben, die Umsatz bringen

- Wie Sie sich mit Profitipps auch noch den letzten EURO holen

- Wie Sie Verkaufstexte fürs Web schreiben

- Hart oder Soft Verkaufen im Web?

Fällt Ihnen auf, was sich da durch die gesamte Inhaltsangabe dieses Tutorials zieht?

Verkaufen! Verkaufen! Verkaufen!

Jeder einzelne Abschnitt ist speziell darauf zugeschnitten, Ihnen zu helfen, auch noch den letzten Tropfen Gewinn aus Ihren Marketing- und Werbetexten herauszuquetschen.
Bevor ich im Internet mit meinen Marketingaktivitäten begann, habe ich über 20 Jahre erfolgreich Verbraucher Marketing offline betrieben.
Auf Kundenseite, in internationalen Marketing Unternehmen.
Marketing ist mein Leben, Verkaufen ist mein Blut! Und in aller Bescheidenheit, deshalb fühle ich mich auch all diesen Internet Marketing Experten, diesen Internet Werbegurus und „coolen" Webdesignern überlegen.

Wenn Sie also bereit sind, sich noch einmal auf die Bank zu setzen, mir zuzuhören und mitzuarbeiten - dann werden auch Sie die starken, verführerischen Werbetexte verfassen, die dann auch verkaufen!

Dann werden auch Sie mit den „3R" Erfolg haben, mit den Richtigen Worten, in der Richtigen Reihenfolge, an die Richtige Person gerichtet.
Und dabei lächeln.

Auch auf die Gefahr hin, dass ich mich wiederhole (ist mir aber eigentlich egal), nehmen Sie sich die einzelnen Abschnitte in der hier angegebenen Reihenfolge vor. Wenn Sie nämlich die eine oder andere Seite auslassen, dann unterbrechen Sie den logischen Aufbau und die dahinter stehende Lernstrategie, mit der ich Sie zum Endziel führen werde.
Wenn Sie bereit sind, ich bin es! Und warum starten wir dann nicht und legen gleich einen Schnellstart hin?

Tutorial 1: "Wie Sie Ihren Umsätzen einen Schnellstart geben"

"Wenn Sie jemanden unterhalten möchten- dann lernen Sie Mundharmonika spielen"

Warum verwenden wir das Internet?
Und warum sehen wir uns Werbung – nicht nur im Internet – an?
Um unterhalten zu werden?

Weil uns langweilig ist?

Um herauszufinden, ob noch genügend Geld am Konto ist?

Wenn die Ergebnisse der vielen Marktforschungen zu diesem Thema stimmen – und warum sollten sie das nicht – dann sind wir auf der Suche nach Informationen. Informationen, die für uns eine Bedeutung haben und uns hoffentlich helfen, Dinge in unserem Leben zum Besseren zu verändern.

Nun werden Sie im Internet bei jeder Gelegenheit auf die so genannten Experten stoßen, die Ihnen vormachen, dass sie – und nur sie – es sind, die wissen, wie man richtig fürs Web schreibt.

Ich habe erst kürzlich in so einen Newsletter gelesen – es juckt mich in den Fingern, den Namen des Autors zu veröffentlichen, ich verkneif es mir aber – in dem sich dieser Experte über Werbetexte und Webseitencopy ausgelassen hat. Was da drinnen stand? Nun, er hat dieselben alten Geschichten wiedergekäut, die Sie überall im Netz finden – armselig aufgebaut und so schlecht geschrieben, dass jeder Marketing und Werbe Profi sofort sehen konnte, dass er alles mögliche sein könnte, nur kein Experte für Internet Marketing oder Texte.

"Was sind denn das für Experten?"

Das ist der springende Punkt. Viele dieser Tipps, die wir zu Marketing und Werbung offline und vor allem online angeboten bekommen, sind nicht mehr als ein paar Grundregeln, irgendwo abgeschrieben und in viel 'heiße Luft' verpackt!

Und dann natürlich die „Oberexperten" mit ihren „Büchern". Sie wissen, welche ich meine?
Die „Werden Sie ein erfolgreicher Internet Unternehmer, Werbe Experte, Multimillionär in weniger als 30 Minuten – ohne Vorkenntnisse".
Geschrieben vom „Poldi Irgendwer", Verkaufspreis 30 Cent. Leute, lasst doch die armen Bäume stehen, die sind doch viel zu schade, um diesen Mist zu drucken.
Natürlich brauchen Sie eine starke Schlagzeile, auch eine Headline die Aufmerksamkeit erregt. Selbstverständlich brauchen Sie überzeugend formulierte Untertitel.

Und ja, Ihr erster Absatz ist der Wichtigste, denn er muss so interessant sein, dass er Ihre Besucher dazu animiert, weiterzulesen.
Wenn das allerdings so einfach ist, warum schreibt dann eigentlich nicht jeder brillante Webseitentexte?
Und warum treiben sich dann da draußen immer noch die Millionen Webseiten herum, die uns gnadenlos mit ihren Blindmacher Farben, den „Kopfschmerz GIFs" sowie den beleidigend miesen Texten verfolgen?
Und dann gibt es ja auch noch diese „coolen" Designer und Consultant Seiten mit Ihren „coolen" Intro und Flash und weiß der Teufel was noch ... nein, das erspar ich mir, darüber will ich mich nicht auch noch auslassen müssen!

"Also, welche Informationen brauchen wir nun wirklich?"

Was Sie wissen müssen, ist WIE Sie starke Schlagzeilen schreiben, WAS Sie in dem überzeugenden Untertitel sagen und WELCHE Worte Sie in diesem so wichtigen ersten Absatz verwenden.

Und was ist dann mit diesen alten, abgedroschenen Weisheiten, wie „Werbetexte müssen schlank und rank sein", „Schreiben Sie so, als würden Sie mit einem Freund sprechen" - und die stärkste: „Unterhalten Sie Ihren Leser".

ABER WIE; WIE DENN?

Nun ist eines ganz klar, gute, schlanke, motivierende Werbetexte zu verfassen, die unterhalten und auch noch verkaufen, das erlernt man nicht in ein paar Minuten.

Zwar ist es keine Kunst, diese Weisheiten und Regeln zu erlernen, das ist ein Kinderspiel.

Sie aber umzusetzen, in der Praxis anzuwenden, das ist dann schon etwas ganz anderes.

"Und nun zu den guten Nachrichten!"

Wahrscheinlich hat Sie das, was Sie bisher hier gelesen haben, nicht gerade ermutigt und Ihnen Auftrieb gegeben.

Nun, ganz so schlimm ist das alles nicht, es gibt auch Positives zu vermelden - eine ganze Menge sogar.

Allerdings nur dann, wenn Sie auch akzeptieren, dass Sie Unterstützung brauchen, seriöse Hilfe.

Ich meine damit Hilfe und Unterstützung bei Ihren Webseiten, Verkaufsschreiben, Newsletter.

Was ich hier bisher gemacht habe, ist wahrscheinlich nicht gerade klassisches, professionelles Marketing, denn eigentlich müsste ich Sie motivieren und begeistern – nicht desillusionieren und Sie dazu bringen, dass Sie sich verabschieden.
Aber ich verspreche Ihnen, Sie können das Schreiben guter Texte für Ihre Webseite erlernen – mit der richtigen Hilfe und Anleitung.

Und ich werde mich bemühen, Ihnen alles das zu geben, was Sie dafür brauchen.
Sie sollten allerdings nicht erwarten, spätestens morgen früh schon ein „Experte" zu sein. Aber Sie können...

bessere Texte als bisher bereits in einer Stunde,
gute Werbetexte in wenigen Stunden,
wirklich gute Texte in eine paar Tagen und
exzellente, starke Werbetexte, die dann auch **wirklich verkaufen**, in ein paar Wochen schreiben.

Alles, was Sie mitbringen müssen, ist der Wille zu lernen – und zu üben, zu üben und wenn Sie damit fertig sind - noch mehr zu üben.
Sie werden erstaunt sein, was Sie in einer kurzen Zeit alles erlernen können.
Und Ihre Ergebnisse werden messbar sein. Bereits nach kurzer Zeit werden Sie einen dramatisch verbesserten Recall von Ihrer Webseite bekommen und damit auch beachtlich mehr Gewinne einfahren.

Sind Sie bereit, sich etwas anzustrengen? Dann Leinen los und ab zum Start!

Zuerst lernen wir einmal die Grundregeln kennen.

Tutorial 2: "Die Grundregeln"

"Um das Spiel zu gewinnen, müssen Sie die Regeln kennen!"

Natürlich, jetzt wollen Sie starten, sofort!

Aber bevor wir Webseiten zu texten beginnen - bis an die Halskrause mit Verbrauchernutzen gefüllt - müssen wir uns erst einmal die Struktur so einer Webseite ansehen. Ganz am Anfang steht dabei diese eine, extrem wichtige Regel, an die Sie immer denken sollten:

"Die goldene Regel der Werbung ist -

es gibt keine goldenen Regeln!"

Die meisten erfolgreichen Werber halten sich aber an bestimmte Grundregeln, allerdings bezeichnen wir diese besser als Richtlinien denn als Regeln.
Selbst wenn es nur Richtlinien sind, sie nicht zu beachten, kann ganz schön riskant sein. unbestritten - gerade in der

Werbung kann eine Portion Risiko einen gewaltigen Erfolg bringen – aber auch einen teuren Flop einläuten!

Wenn Sie noch nicht über viel Erfahrung verfügen, dann würde ich mich an Ihrer Stelle **an die bewährten Richtlinien halten – denn dann kann nicht wirklich viel daneben gehen.**

Warum sollten Sie auch Risiken eingehen, ganze Generationen von Werbern haben diese bewährten Prinzipien erfolgreich angewendet.

Die funktionieren, also warum daran rumfummeln?

OK, sehen wir uns einmal den Aufbau einer Anzeige, einer Webseite an: Im Anschluss daran besprechen wir dann detailliert die einzelnen Teile:

DIE SCHLAGZEILE (engl. HEADLINE) muss die Aufmerksamkeit eines Besuchers erregen.

DER UNTERTITEL (engl. SUBHEAD/SUBHEADLINE) verstärkt und unterstützt die Schlagzeile.

BILDER, GRAFIKEN, FOTOS verstärken den in der Schlagzeile ausgelobten Nutzen für den Verbraucher.

DER TEXTTEIL (eng. BODY COPY oder nur Copy) beginnt mit einem starken ersten Absatz, der Neugierde und Interesse weckt und so den Leser zum Lesen des weiteren Textes animiert.

DIE WEITEREN ABSÄTZE unterstützen und verstärken das Nutzen-Versprechen Ihres Angebotes.

DER VORLETZTE ABSATZ warnt den Leser vor den Konsequenzen, die er zu tragen hat, wenn er Ihr Angebot nicht annimmt.

DER SCHLUSSABSATZ fordert eine Aktivität (Bestellen Sie! Jetzt!).

PS bietet einen weiteren Grund, zu dieser Aktivität aufzufordern und verstärkt das Angebot noch einmal.

DAS FIRMEN LOGO steht bei offline Werbungen meist am Ende, nicht so bei Webseiten.

Wenn Sie einen Salesletter mit direkter Antwortmöglichkeit erstellen, dann sollten Sie diesen Aufbau immer oder fast immer einsetzen.

Er ändert sich auch kaum für Webseiten mit dieser Funktion.

Zusammengefasst, Sie arbeiten mit dem folgenden Ablauf:

Erzeugen Sie **A**ufmerksamkeit
Stimulieren Sie **I**nteresse
Bauen Sie den **D**rang auf, das Produkt zu besitzen
Holen sie sich den **A**bschluss!

"Oh nein, nicht schon wieder A.I.D.A...."

… werden die Versierteren unter Ihnen ausrufen. Sorry, muss aber sein! Daran führt kein Weg vorbei.

Wenn Sie es gerne lockerer hätten, bitte sehr, wie wär's damit …

Bringen Sie Ihren Besucher dazu, sich direkt bei Ihrer Seite einzubremsen. Halten Sie ihm das Beste daraus unter die Nase.

Machen Sie ihn richtig scharf darauf.

Sagen Sie ihm laut und deutlich, dass nur ein völliger Schwachkopf so ein Angebot ablehnt, diese nur-einmalimLeben Gelegenheit ungenutzt an sich vorüberziehen lässt.

Machen Sie ihm klar, dass er jetzt bestellen muss, sonst wird er es für immer bereuen!

Also heraus mit der Kreditkarte, ran ans Bestellformular – so erfüllt er sich einen Lebenswunsch und seine Freunde werden ihn darum ständig beneiden.

So, das sagt so ziemlich dasselbe aus, aber ist nicht A.I.D.A leichter zu merken?

AUFMERKSAMKEIT. INTERESSE. DRANG. ABSCHLUSS.

Diese vier Worte sollten ganz vorne in Ihrem Bewusstsein stehen, wenn Sie einen Werbetext formulieren.

Dann, das verspreche ich Ihnen, kann kaum was schief gehen.

"Wir verkaufen etwas"

Und noch etwas. Verkaufen - dieses Wort taucht immer vor meinen Augen auf, während ich hier schreibe.

Denn die Zielsetzung jeder werblichen Aktivität ist es, etwas zu verkaufen! Das muss nicht notwendigerweise immer Verkauf gegen Geld sein.

Wenn Sie z.B. auf Ihrer Webseite kostenlose Informationen anbieten, dann müssen Sie die Idee verkaufen, dass Ihre Informationen glaubwürdig und für den Leser nützlich sind.

Also, was immer Sie verkaufen, denken Sie an diesen ausgesprochen wichtigen Punkt.

Verkaufen Sie nicht ein Produkt oder eine Dienstleistung, verkaufen Sie den NUTZEN, für den Leser.
Bringen Sie das laut und deutlich rüber, denn wenn Sie es nicht schaffen, den Nutzen zu kommunizieren, dann werden Sie nichts verkaufen.

Es interessiert nämlich wirklich niemanden, wie neuartig und technologisch fortgeschritten z.B. die Software ist, die Sie anbieten.
Oder dass Sie volle drei Jahre daran gearbeitet haben und Bill Gates bereits jetzt vor Angst mit den Zähnen klappert.
Was uns anmacht, ist der Nutzen, den wir haben werden.
Uns interessiert, wenn Sie uns zeigen, wie viel Zeit wir damit sparen werden oder wie uns unsere Freunde bewundern werden, wenn wir mit Ihrer Software eine derart tolle Vorführung unserer Urlaubsfotos geben können.
Also, zeigen Sie Ihrem Besucher **NUTZEN, NUTZEN und noch MEHR NUTZEN!**
Und nun gehen wir auf die Suche nach Ihrem USP, dem Unique Selling Proposition.

Tutorial 3: "Bestimmen Sie Ihren USP"

"Ohne USP sind Sie tot. Also finden Sie ihn -

und Ihre Umsatzkurve wird plötzlich steil nach oben zeigen!"

Diese Konkurrenz! Oh Gott!

Dummerweise kommt Ihnen dieses ärgerliche Hindernis am Weg zu Ihrer ersten Million (oder ist es bei Ihnen gar schon die zweite?) ständig in die Quere.
Aber es ist natürlich auch schwierig, bei so vielen Anbietern von fast identischen Produkten den Unterschied des eigenen Produktes entsprechend herauszustellen.
Wie überzeugen Sie da Ihre potentiellen Kunden davon, dass sie gerade Ihr Produkt und nicht eines der vielen anderen, die da ebenfalls angeboten werden, kaufen sollen? Klar, Sie müssen sich irgendwie von dieser Menge unterscheiden.
Wenn Sie in einem starken Konkurrenzumfeld bestehen wollen, dann führt kein Weg daran vorbei, dass Sie einen Weg finden, wie Sie sich vom Umfeld abheben können.
Wie das gehen soll?
Nun, Sie haben die Antwort darauf gerade in der Schlagzeile gelesen.
Sie müssen Ihren USP, Ihre Unique Selling Proposition (das ist dieser einzigartige Produktnutzen, der einen potentiellen Kunden veranlasst, sein hart verdientes Geld für Ihr Produkt und nicht für das eines Konkurrenten auszugeben) herausarbeiten und einsetzen.
Wenn Sie das nicht machen, dann ist ohne USP Ihr Geschäft tot!

"Natürlich haben Sie etwas Einzigartiges anzubieten"

Was sagen Sie da, Ihr Produkt unterscheidet sich nicht oder kaum von denen der Konkurrenz?
Willkommen im Club! Damit sind Sie nämlich nicht alleine. Sehen wir uns doch einmal mein Produkt, die Online Kurse des EinsteigerClub als Beispiel an (Natürlich haben Sie schon darauf gewartet, dass Werbung kommt. Aber hier hat sie wenigsten einen Trainingseffekt).

Der Markt ist voll mit Büchern, Lehrbüchern, Kursen, Tutorials usw., die Anfängern am Computer und im Internet Hilfe und Unterstützung anbieten. Also mussten wir einen USP für unsere Produkte finden. Was kann das sein?

In welchen Bereichen unterscheiden wir uns von anderen Angeboten, und noch wichtiger, was können wir unseren Kunden anbieten, was ihnen andere Produkte nicht bieten.

Denn das einzige, was einen Verbraucher, einen potentiellen Kunden, einen Besucher Ihrer Webseite interessiert, ist: „Was hab ich davon, was ist da für mich drinnen?"

Nun, während andere Kurse und Bücher den Stoff Kapitel für Kapitel. Funktion für Funktion, Schaltfläche für Schaltfläche behandeln, sich an dem orientieren, was

ihnen Bill Gates vorgibt, haben wir den Spieß umgedreht. Wir haben uns Windows, das Internet, aber auch Digitalkameras und eBay Auktionen angesehen, **aber mit den Augen eines Verbrauchers**!
Wir haben uns gefragt, was interessiert ihn, was kann er als Einsteiger brauchen, aufnehmen, verarbeiten, umsetzten. Und darauf haben wir unsere Kurse aufgebaut - und sie in einer Sprache verfasst, die auch ein Einsteiger versteht.

So haben wir unseren USP gefunden, unser einzigartiges Produktversprechen. Unsere Kunden profitieren davon, dass wir Ihnen das lernen, was sie brauchen, was sie erlernen können, in einer Sprache, die sie auch verstehen!

"Was können Sie denn anbieten, um sich von anderen zu unterscheiden?"

Gehen Sie auf die Suche, strengen Sie sich an. Sie brauchen etwas Handverlesenes, was Besonderes, in 14 Karat Gold gefasst.
Geben Sie eine besondere Garantie oder ein Gratis Training, verschenken Sie als Bonus wertvolle Produkte...
Es gibt so viele Möglichkeiten, mit denen Sie sich von Ihren Konkurrenten abheben, Ihr Produkt alleine stellen und sich so von allen übrigen Anbietern unterscheiden können!

Sie finden einen starken USP häufig in einer Eigenschaft Ihres Produktes - in einer, über die auch andere, vergleichbare Produkte verfügen.

Ich habe dazu ein gutes Beispiel in einer US Publikation gefunden:

„Ich war kürzlich in einem Supermarkt, um einen Laib Brot zu kaufen. Eine einfache Sache, denken Sie.
Nicht ganz, denn da werden ca. 30 verschiedene Marken zu unterschiedlichen Preisen angeboten.
Da hörte ich durch Zufall, wie eine Dame zu einer anderen sagte: 'Ich kaufe diesen Laib, denn da steht, der ist auch für Vegetarier geeignet.'

Ich kenne mich zwar nicht genau aus, war mir aber sicher, dass diese Eigenschaft auch auf die meisten anderen Marken zutreffen wird.
Ich habe mir daher die übrigen Brotlaibe angesehen: und siehe da, nur 5 erwähnen auf ihrer Verpackung, dass auch sie keine tierischen Fette enthalten.
Aber keiner davon sagt seinen Kunden, dass dieses Brot somit auch für Vegetarier geeignet ist.

Nur ein einziger, findiger Unternehmer hat sich daraus seinen USP geholt – aus einer Eigenschaft, die viele andere Konkurrenzprodukte ebenfalls vorweisen können.“

Sehen Sie sich um, Sie werden eine Menge vergleichbarer Beispiele dafür finden.

Wie zum Beispiel diese:

„Schenken Sie Ihrem Baby etwas, was Sie als Baby nie hatten. Einen trockenen Po" (Headline für Babywindeln).

„Diese Milchschokolade zergeht auf Ihrer Zunge – nicht in Ihrer Hand" (Trifft auf viele zu, aber nur einer sagt es)

oder die legendäre Schlagzeile von David Ogilvy:
"Das lauteste Geräusch im neuen Rolls Royce bei 100 km/h ist das Ticken der Uhr" (Rolls-Royce).

oder mein USP:

"Bezahlen Sie nicht für Marketing Service und Werbetexte, bezahlen Sie für Ergebnisse!" Als jemand, der sein eigenes Online Geschäft aus dem Nichts aufgebaut hat, weiß ich, was ein Einsteiger oder ein kleines Geschäft braucht, um erfolgreich zu werden!

"Und dazu braucht es nur etwas Arbeit"

Nehmen Sie ein Blatt Papier zur Hand und schreiben Sie jede Eigenschaft Ihres Produktes nieder.
Versetzen Sie sich dabei in die Lage eines Kunden. Stellen Sie sich bei jeder Eigenschaft die Frage eines Kunden: „Was hab ich davon, was ist da für mich drinnen?"

Und denken Sie dabei immer daran: Formulieren Sie Ihren USP immer als Verbrauchernutzen! „Keine tierischen

Fette" ist eine Eigenschaft, kein Nutzen - der Nutzen für den Verbraucher ist „Geeignet für Vegetarier".

Also, bevor Sie beginnen und Schlagzeilen schreiben oder schreiben lassen, identifizieren Sie Ihren USP, das ist die wichtigste Aufgabe.

Sie werden sehen, wenn Sie erst einmal Ihren USP gefunden haben, dann schreiben sich die Texte für Ihre Schlagzeilen und Werbetexte um vieles einfacher.

So, was kommt nun als nächstes?

Das wird Spaß machen, wir schreiben Schlagzeilen!

Tutorial 4: "Wie Sie auffallende Schlagzeilen schreiben, die sich weigern, übersehen zu werden"

"8 von 10 Besuchern 'scannen' die Schlagzeile Ihrer Webseite –

Macht es da nicht Sinn, auch 80% Ihrer Anstrengungen darauf zu verwenden?"

Ja, Sie haben schon richtig gelesen. Untersuchungen belegen, dass 8 von 10 Besuchern einer Webseite solange durch die Schlagzeilen von Webseiten „scannen", bis sie auf eine stoßen, die ihnen interessant genug erscheint, um sich den weiteren Text anzusehen.

Sie kennen das, aus eigener Erfahrung?
Richtig, wir alle surfen doch so durchs Netz, überfliegen Schlagzeilen solange, bis dann endlich eine das gewisse „Etwas" hat, das uns zum Weiterlesen verführt.
Und wenn uns die Schlagzeile keinen klaren Hinweis darauf gibt, was uns der Autor mitteilen möchte, haben wir doch keine Lust, unsere Zeit zu opfern, um das selbst herauszufinden.
Wir arbeiten uns nicht durch lange Textblöcke, wenn wir nicht wissen, worum es geht.

Es sind die Schlagzeilen, die aus einem „Scanner" einen potentiellen Kunden machen!
Da macht es dann wohl Sinn, einen Großteil der Arbeit an einer Webseite in die Schlagzeile zu investieren?
Sie können einen noch so aufregenden und motivierenden Text schreiben, wenn Ihre Schlagzeile niemanden interessiert, dann wird niemand bis zu Ihrem Text vordringen.
Und damit haben Sie Ihren Besucher verloren.
Und zwar für immer, denn im Internet gibt es kaum jemals eine zweite Chance! Die Cyberworld ist hart und rücksichtslos.

Stellen Sie daher sicher, dass Sie mit Ihrer Schlagzeile den Leser genau zwischen die Augen treffen, dass sie ihn anbrüllt:

Hey, Du!
Lies das, es betrifft Dich!

Allerdings muss eine gute Schlagzeile schon mehr können, als nur Aufmerksamkeit hervorzurufen.
Sie muss vor allem in der Lage sein, jene Besucher auszuwählen, die Ihnen die größte Chance auf Erfolg biete.

Diese Besucher müssen Sie dann zu den Vorteilen führen, die sie über den Erwerb Ihres Produktes bekommen werden.

Eine Schlagzeile wie **„Die Welt wird am 31. Dezember untergehen"** wird sicher Aufmerksamkeit erregen.
Aber die meisten Leser werden sehr schnell verärgert aufhören zu lesen, wenn sie im folgenden Text feststellen müssen, dass Sie versuchen, ihnen ein Antivirusprogramm zu verkaufen.

Wenn Sie stattdessen allerdings die Schlagzeile **„Die Welt wird für Computerbesitzer bald untergehen"** verwenden, wird das Ihre Zielgruppe – Computerbesitzer – zumindest so neugierig machen, dass sie die ersten Zeilen Ihres Textes zu lesen beginnen werden.
Es ist Ihnen somit gelungen, interessierte Besucher zu Ihrem tollen Angebot zu führen.
Also, Ihre Schlagzeile hat einen wichtigen Job zu erfüllen – da macht es doch Sinn, einiges an Zeit und Sorgfalt dafür aufzuwenden.

„Wie beginnen Sie?"

Sie brauchen zu allererst Ihren USP, Ihren einzigartigen
Produktvorteil, den Nutzen für den Verbraucher, der Ihr
Produkt von denen der Konkurrenz unterscheidet.
Denn ohne einen USP für Ihr Produkt können Sie sich
Werbung ohnehin sparen.
Ich gehe daher davon aus, dass Sie wissen, wodurch sich
Ihr Produkt von denen der Mitbewerber unterscheidet,
welchen Produktvorteil Sie Ihren potentiellen Kunden
bieten können.

Und dann „Feuern Sie Ihr größtes Geschütz zuerst ab!

"Richtig, holen Sie sofort Ihren größten, stärksten,
überzeugendsten Produktnutzen heraus – und dann
sehen Sie zu, dass Sie damit Ihren **Besucher genau
zwischen den Augen treffen!**
Seien Sie dabei nicht zimperlich.
Es gibt keinen Grund, den Hauptnutzen Ihres Produktes
verschämt, irgendwo in der Textmitte, zu verkünden.

Wenn es Ihnen nicht gleich am Beginn Ihrer Webseite
gelingt, einen Besucher zu fesseln, dann wird er kaum
über die ersten Zeilen hinaus lesen. Knallen Sie daher den
Nutzen Ihres Produktes hinaus - so laut wie möglich!

Manche Texter machen den Fehler, mit einem kleinen
Nutzen zu beginnen (manche beginnen sogar ohne!), um

dann Schritt für Schritt die weiteren, immer stärkeren Nutzen aufzubauen.

Sie tun das in der – grundfalschen – Überzeugung, dass sie so einen immer größeren Wunsch nach diesem Produkt aufbauen, bis am Ende jeder potentielle Kunde so gierig danach ist, dass er das Produkt am liebsten sofort kaufen möchte.

Bullshit. Quatsch.

Starten Sie mit Ihrem größten Geschütz, machen Sie Ihre Leser damit neugierig und schenken Sie ihnen dann im Laufe Ihres überzeugenden, gut geschrieben Textes die weiteren Nutzen als Zugabe.

Und dann holen Sie sich den Abschluss!

Nehmen wir als Beispiel an, unser weltbewegendes Produkt ist eine leichte, kompakte Bügelmaschine mit dem treffenden Namen „Sekundenbügler", mit der sich Kleider 6x schneller bügeln lassen, als mit einem normalen Bügeleisen.

Daher lassen sich mit dem „Sekundenbügler" in einer Woche bis zu 3 Stunden Zeit einsparen.

Außerdem wiegt er nur 20dkg, lässt sich in 3 Sekunden zusammenfalten und an der Wand aufhängen. Das alles sind Eigenschaften!

Und jetzt versetzen Sie sich einmal in die Lage eines Interessenten.

Seine Gedanken sind doch: Wie kann der Sekundenbügler mir helfen?

Was habe ich davon, wenn ich es besitze?

Was wird sich dann in meinem Leben verändern, wird sich was für mich verbessern?

Und nun setzen Sie sich hin und schreiben nieder, was Ihnen dazu einfällt. Schreiben Sie hinter jeder Eigenschaft, was sie an Nützlichem für Sie bringen wird.

Schreiben Sie alles nieder, was Ihnen dazu einfällt – solange, bis Ihnen nichts mehr einfällt.

Zum Beispiel: „Ich spare mir mit dem Sekundenbügler 3 Stunden wöchentlich" ist eine Eigenschaft, kein Nutzen.

„der Sekundenbügler ermöglicht mir, mehr Zeit mit meinen Kindern zu verbringen", das ist ein Nutzen!

"Und jetzt übersetzen Sie jede Eigenschaft in einen Nutzen"

"Lässt sich zusammenlegen" ist eine Eigenschaft, „damit bekomme ich mehr Platz für andere Dinge in meiner Wohnung" ist der Nutzen!

Streichen Sie die einzelnen Nutzen auf so wenig Worte wie möglich Worte zusammen.

Jetzt reihen Sie die einzelnen Nutzen nach ihrer Bedeutung. Dann gehen Sie jeden Satz aufmerksam durch und suchen jene Schlagworte heraus, die für Ihre Schlagzeile die stärkste Wirkung versprechen. Zum Beispiel: "Familie. Freizeit. Kinder. Leicht zu verstauen. Einfach zu bedienen. Neid (der Nachbarn) ...

OK, dann schreiben Sie Ihre erste Schlagzeile.

Wie wäre es damit:

„Die Sekundenbügler Bügelmaschine verringert

Ihre Bügelzeit um bis zu 80%"

Na ja, nicht schlecht - damit treffen wir schon eine Vorauswahl für unsere Zielgruppe, aber wir beschreiben doch eher eine Eigenschaft als einen Nutzen.
Das reißt uns noch nicht wirklich vom Hocker, oder? Also unterlegen wir das mit etwas Emotion.
Denn wenn unsere Gefühle angesprochen werden, sind wir schnell bereit zu kaufen – und rechtfertigen den Kauf anschließend mit logischen Argumenten („Bin ich froh, dass ich mir den 2 Sitzer Sportwagen gekauft habe, jetzt brauch ich endlich die Nachbarskinder nicht mehr zur Schule mitnehmen").
Dann versuchen wir es einmal:

„Gratis für jede gestresste Hausfrau:

3 Stunden pro Woche, die Ihnen alleine gehören. Zum Genießen!"

Na, das klingt ja schon um einiges besser, allerdings ist es noch nicht ganz die Schlagzeile, die ich wirklich verwenden würde.

Also, sehen wir uns auch das etwas genauer an. Zuerst, ich habe hier mit „Gratis" eines dieser starken „Killerworte" verwendet, die jeden Leser sofort interessieren und motivieren.
Ebenso wie „Sie" - das mögen wir doch immer gerne, wenn man uns direkt anspricht. „Nur für Sie" lesen wir sogar noch lieber.

Als nächstes haben wir dann unsere Zielgruppe identifiziert, die „gestresste Hausfrau".
Und dann haben wir unseren stärksten Nutzen abgefeuert, „die 3 Stunden für Sie zum Genießen".

Jetzt brauchen wir noch einen Untertitel, in dem wir unsere Schlagzeile weiter verstärken:

„Gratis für jede gestresste Hausfrau:

3 Stunden pro Woche, die Ihnen alleine gehören.
Zum Genießen!"

Besitzen Sie nämlich einen Sekundenbügler, werden Sie ihn kaum benutzen müssen!"

Jetzt, nachdem Sie wissen, wie es geht, werden Sie in Zukunft sicher nur mehr starke Schlagzeilen verfassen. Beachten Sie jedoch die Grundsätze und üben, üben, üben Sie.

Wenn Sie dann mit Üben fertig sind, beginnen Sie zu ÜBEN.

Und wenn Sie dann Ihre Headline gefunden haben, wird etwas ganz Besonderes passieren.

Da Sie jede Eigenschaft und jeden denkbaren Nutzen Ihres Produktes überprüft haben, schreibt sich der Rest des Webseiten Textes meist von alleine!
Der fließt Ihnen direkt aus der Feder aufs Papier. Ist es Ihnen aufgefallen, ich sagte Papier.

Unabhängig davon, wie gut und schnell Sie tippen, ich habe die Erfahrung gemacht, dass es besser ist, am Anfang einfach mit dem Kugelschreiber auf einem Blatt Papier alles hinzuschreiben, was mir gerade so einfällt. Ohne mich mit Rechtschreibung, Groß und Klein, Satzstellung usw. zu belasten.

Das lässt sich dann später in Ruhe immer noch erledigen.

„Der letzte professionelle Anstrich"

VERWENDEN SIE NIE NUR GROSSBUCHSTABEN IN EINER SCHLAGZEILE

Das ist sehr schwer zu lesen und daher auch schwer und langsam zu verdauen.
Lesen Sie doch selbst diesen Satz noch einmal und Sie werden bemerken, wie langsam das geht.
Und wie schnell sich der Rest dieses Absatzes dagegen lesen lässt:

„ Setzen Sie Schlagzeilen immer in Anführungszeichen"

Nennen Sie es Psychologie – Ihre Schlagzeile ist Ihre persönliche Ansprache direkt an Ihren Leser.
Sie sollten da immer versuchen, diese von Person zu Person Atmosphäre herzustellen.

Verwenden Sie für den Untertitel eine kleinere Schrift als für die Schlagzeile

Sie verringern sonst die Bedeutung und Wirkung der Hauptbotschaft.

Geben Sie keinen Punkt an das Ende der Schlagzeile.

Ich kann mir vorstellen, dass Sie sich denken, was soll denn das, das ist ja nun wirklich eine Nebensächlichkeit, aber wenn sich die meisten der wirklichen Top Copywriter auf der Welt daran halten, dann wird es wohl seinen Sinn haben.
Also warum es in Frage stellen?
Und nun sehen wir an, wie wir den Webseiten Text, die Body Copy schreiben.

Tutorial 5: "Wie sich die verführerische Body Copy den Auftrag schnappt"

"He, Baby, nachdem Du ihn heiß gemacht hast, zeig ihm auch Deinen aufregenden Body"

Worte. Was sind Worte? Es sind Zaubereien!

Politiker setzen sie ein, um an die Macht zu kommen.
Dichter bringen uns damit zum Weinen.
Ein Wort kann wie ein Messerstich verletzen, ein anderes auf eine Wolke tragen.
Und mit Worten können ganz normale Leute, wie Sie und ich, Leser dazu verführen, ihr hart verdientes Geld für unsere Produkte auszugeben. Zauberei!

Bevor ich jetzt ins schwadronieren komme, sehen wir uns doch einmal die Definition von „Wort" in einem Lexikon an:

Wort: "Die kleinste Einheit einer Rede oder eines Schriftstückes, das von denen, die diese Sprache als Muttersprache nutzen, im Allgemeinen als die kleinste, isolierbare Einheit angesehen wird, die noch einen Sinn ergibt...

Aber es geht auch anders, hier die Definition aus einer anderen Quelle:

Wort: "Die geschriebene oder gesprochene Darstellung einer Idee oder eines Bildes."

Das klingt jetzt doch um vieles verständlicher und einfacher. Und hier reicht auch ein Drittel der Worte. Daraus lässt sich gleich eine erste, wichtige Regel für alle Texte ableiten:

„Überschätze nie die Intelligenz Deiner Leser"
Die erste Beschreibung stammt aus einem dicken, mehrbändigen Werk, das sicher von einer besser gebildeten Schicht verwendet wird, während die andere Erklärung einem billigen, dünnen Büchlein entnommen wurde.
Nun ist anzunehmen, dass vom Büchlein wesentlich mehr Exemplare verkauft werden.
Der Verleger wusste also, dass für einen Massenerfolg das Wörterbuch auch von den Massen verstanden werden muss.

Und genauso ist es mit dem Verfassen von Texten für eine Webseite. Ihre Werbebotschaft muss von jedermann verstanden werden, nicht nur von einigen wenigen.

„Um einen Mazda zu kaufen,
müssen Sie nicht japanisch lernen"

Es hat doch nun wirklich niemand Lust, seine Abende damit zu verbringen, sich durch Webseiten mit kaum verständlichen, technischen Erklärungen zu quälen.

Ich weiß gar nicht mehr, durch wie viele Software Webseiten ich mich schon gekämpft habe, die mich mit ihrem „Experten Bla Bla" komplett verwirrt haben.
Diese Webseiten wurden für Tausende und Aber Tausende von Besuchern völlig umsonst geschrieben - die verstehen sie ganz einfach nicht!

Ein Beispiel "...... von FTP, HTTP, HTTPS, GOPHER und DICT Servern, mit URL Syntax Support."
Das verstehen Sie vielleicht.
Ich garantiere Ihnen aber, für zehntausend Besucher klingt das „japanisch". Dabei ist das möglicherweise eine Software, die wir alle brauchen könnten. Warum machen die dann so was? Weil sie es einfach nicht besser wissen.
Also, wenn Sie wieder einmal über so eine Webseite stolpern, schicken Sie den Seitenbetreiber zu mir, er soll sich das hier durchlesen.

**„Webseiten Text ist keine Literatur –
er muss nur verkaufen können"**

Webseiten Texte werden oft wegen ihrer sprachlichen Freiheiten kritisiert. Und das ist richtig so.
Da beginnen Sätze mit Und, Aber, oder Oder.
Da werden Absätze auf ein paar Zeilen reduziert, Wortgruppen hervorgehoben ... einem Deutsch Professor stehen die Haare zu Berge.
Nur will niemand, der einen guten Text für eine Webseite schreibt, wegen seiner literarischen Talente gelobt werden.

Ihn interessiert auch nicht, was der Deutschprofessor sich denkt. Denn die einzeige Aufgabe, die so ein Text zu erfüllen hat, ist

ZU VERKAUFEN!

Und jeder Verkäufer wird Ihnen erklären, dass kein Mensch von jemandem etwas kaufen wird, dem er nicht vertraut.
Nun werden Sie kein Vertrauen erwecken, wenn Sie Ihr Gegenüber mit einem Maschinengewehrfeuer von offenkundigen Verkaufssprüchen eindecken.
Andererseits fühlen wir uns aber auch nicht wirklich wohl bei jemandem, der uns den Eindruck vermittelt, überlegen zu sein.
Und wenn Sie mit Ihrem Webseiten Text nicht vorsichtig sind, kann Ihnen das schnell passieren.
Also bleiben Sie halbwegs freundlich und präsentieren Sie Ihre Verkaufsbotschaft mit sorgfältig gewählten Worten.
Wenn Sie Ihren Leser mit Respekt behandeln und vernünftig mit ihm sprechen, dann werden Sie auch sein Vertrauen gewinnen.

Verkaufstexte für Webseiten sollten eine Verkaufsbotschaft verständlich und mit der geringsten Zahl an notwendigen Worten – übermitteln.
Daher müssen Sie sich manchmal sprachliche Freiheiten herausnehmen und auch Satzstellungen verwenden, die sich diesem Ziel unterordnen.

"Wie beginnen Sie nun mit dem Schreiben

eines Webseiten Textes?"

Im Grunde genommen haben Sie bereits damit begonnen, sobald Sie Ihre Schlagzeile fertig gestellt haben.
Daher sollte sich auch der erste Satz Ihres Textes aus Ihrer Schlagzeile heraus entwickeln. Sie haben dort eine Aussage getroffen, eine Behauptung aufgestellt.
Der Leser erwartet nun von Ihnen, dass Sie ihm mehr Informationen und Erklärungen dazu liefern.
JETZT. Nicht erst ein paar Absätze weiter unten. Sie können sicher sein, niemand geht auf die Suche!

„Gratis für jede gestresste Hausfrau:
3 Stunden pro Woche, die Ihnen alleine gehören.
Zum Genießen!"

Besitzen Sie nämlich einen Sekundenbügler,
werden Sie ihn kaum benutzen müssen!"

„Unabhängige Tests der Stiftung Warentest haben bewiesen, dass sich eine viel beschäftigte Hausfrau mit dem revolutionären Bügelsystem des Sekundenbüglers jede Woche mindestens 3 Stunden gegenüber herkömmlichen Bügelmethoden sparen kann …"

Das ist natürlich noch nicht alles, damit sollten Sie die Seite noch nicht beenden.
Aber Sie erkennen hier, wie sich die Story, die mit der Headline begann, über die Subheadline fortsetzt, um

dann nahtlos in den Text, in den ersten Absatz überzugehen.

Und ist Ihnen bei der Wortwahl etwas aufgefallen?

Nun, da wurden fast nur Worte verwendet, die geeignet sind, Gefühle und Emotionen bei einer beschäftigten Hausfrau hervorrufen:

Unabhängige Tests - Glaubwürdigkeit.

Stiftung Warentest – Denen vertrau ich.

Revolutionär – Eine neue Idee, modern.

Spart jede Woche 3 Stunden – meine Freizeit wird wöchentlich um 3 Stunden erhöht.

Viel beschäftigte Hausfrau – Genau - das bin ich!

Herkömmliche Bügelmethoden - Altmodisch.

Versuchen Sie das selbst einmal. Sie werden sehen, es ist eigentlich recht einfach, wenn Sie diese Richtlinien beachten.

Das bedeutet natürlich nicht, dass dies hier der allein selig machende Weg zu einem guten Webseitentext ist. Keineswegs.

Es gibt noch viele andere – aber irgendwo müssen wir alle ja einmal anfangen.

Nun haben Sie also Ihre Interessentin an der Angel. Lassen Sie jetzt nicht nach.

Bringen Sie Nutzen nach Nutzen, zeigen Sie einen Vorteil nach dem anderen auf!

Holen Sie Ihren USP hervor und reiten Sie darauf herum. Sie will ja mehr wissen.

Helfen Sie ihr, sich vorzustellen, was sie mit den gewonnenen 3 Stunden alles machen kann.

Und fangen Sie ja nicht mit irgendwelchen Geschichten über die technischen Einzelheiten, über die Kosten der Entwicklung oder über Ihre tollen Wissenschaftler zu schreiben an – daran ist sie überhaupt nicht interessiert.

Sie will ganz einfach wissen, was sie selbst davon hat, wenn sie Ihr wundervolles Stück kauft.

Stellen Sie sich bei jedem Produktnutzen, den Sie beschreiben, die Reaktion Ihrer potentiellen Kundin vor: wenn die ein „Na und!" und nicht ein „Wow, das ist ja ganz toll!" ist, dann schreiben Sie das besser noch einmal neu!

„Und dann bereiten Sie den Abschluss vor"

OK, Sie haben es geschafft, Ihre Besucherin ist nun wirklich begeistert von Ihrem fantastischem Produkt, die Vorteile, die einzigartigen Produktnutzen sind wirklich unschlagbar,

Sie haben sich auch als glaubwürdig etabliert, auch der Preis ist kein Problem, Sie kann es sich leisten.

Und nun läuft sie los, holt ihre Kreditkarte und geht schnurstracks auf die Bestellseite.

Wenn Sie aus diesem schönen Traum wieder zurückgekehrt sind, dann sollten Sie sich mit der Wirklichkeit beschäftigen!
Von selbst macht hier niemand was, zuerst müssen Sie schon die Abschlussfrage stellen.
Und um dann den Auftrag zu bekommen, müssen Sie ihr ganz genau sagen, was sie zu tun hat.
Glauben Sie nur ja nicht, dass Ihre „Fastkundin" in Ihrer Webseite auf die Suche nach der Bestellseite gehen wird …

Das wird sie nicht machen.

Schlagen Sie ihr nicht vor, irgendwann ein Email abzuschicken oder bei Ihnen anzurufen …

Das wird sie nicht machen.

Sagen Sie Ihr genau, wie sie bestellen kann und dann sagen Sie ihr, dass sie das JETZT tun soll!

Nehmen Sie sie bei der Hand und machen Sie es ihr so leicht wie möglich, in den Besitz dieses wundervollen Produktes zu kommen, damit sie die Vorteile so schnell wie möglich genießen kann.
Aber Sie müssen ihr genau sagen, wo Sie klicken muss, was Sie ausfüllen soll und wie sie es abzuschicken hat!

„Geben Sie ihr keine Zeit zum Nachdenken!"

Jeder Verkäufer kennt sie, diese tödlichen Worte: **„Ich möchte mir das noch einmal überlegen!"**
Wie oft haben Sie die nicht schon selbst verwendet?
Es ist dieser eingebaute Abwehrmechanismus gegen schnelle Entscheidungen.
So gerne wir auch etwas haben möchten, irgendwo in unserem Hinterkopf steckt so ein Sicherheitsventil, das sich in so einer Situation öffnet und uns zuruft: „ Langsam mein Freund, warum so hastig?
Warum schon jetzt die Entscheidung treffen, vielleicht bekommst Du das woanders billiger!"
Verkäufer sind auf diesen Einwand hin entsprechend geschult, die bauen Ihre Präsentationen so auf, dass sie diesen Einwand entweder gar nicht aufkommen lassen oder ihn entkräften können.

Sie aber stehen Ihrer Kundin nicht von Angesicht zu Angesicht gegenüber.
Sie müssen diesen Einwand daher auf eine andere Art entkräften.
Tatsache ist, ein/e Interessent/in braucht diesen einen, zusätzlichen, kleinen Schubs, um eine Kaufentscheidung zu treffen.
Sie brauchen irgendeine Bestätigung, dass sie eine rational zu rechtfertigende Entscheidung treffen und sich nicht einfach von ihren Gefühlen leiten lassen. Nach dem Motto: „Ich kauf mir diesen Zweisitzer Sportwagen ja nicht, weil es ein so tolles Auto ist, sondern damit ich am Morgen die Nachbarskinder nicht mehr mit zur Schule nehmen muss!"

Da gibt es nun verschiedene Wege, ihr diese Rechtfertigung zu liefern – und die meisten davon sind Ihnen sicher bereits bekannt:

" ..... diese revolutionäre Sekundenbügler Bügelmaschine kommt mit einer 365 Tage Geld zurück Garantie und gehört Ihnen für nur EURO 39.90!"

Das lässt sich dann noch verstärken: „**Bestellen Sie innerhalb der nächsten 7 Tage und wir ermäßigen diesen günstigen Preis noch einmal auf unglaubliche EURO 29.50!**
Damit sparen Sie über EURO 10!
Aber wir müssen Ihren Auftrag bis spätestens 10. Oktober erhalten haben,wenn Sie von diesem unglaublichen Angebot profitieren möchten.
Bestellen Sie jetzt und Sie können sich schon Gedanken machen, was Sie mit Ihrer freien Zeit am Morgen machen werden.
Die haben Sie sich doch verdient?"

Sie haben es sicher bemerkt, die 365 Tage Garantie bietet die Rechtfertigung, den Abschlussdruck erzielen Sie mit dem 7 Tage Angebot und die EURO 10 sind das „Zuckerl".

Und nun holen wir uns noch ein paar Tipps der Profis.

Tutorial 6: „Die Tipps der Profis – sie machen den Unterschied aus!"

Ihre Umsätze „zooo...men" in die Höhe"

Wenn ich Ihnen meinen besten Ratschlag, meinen Tipp Nr.1 geben müsste, es wäre immer dieser:

Besorgen Sie sich alles über Werbetexte, Werbung, Marketing und Verkauf, was Sie bekommen können. Surfen Sie durchs Web, lesen Sie jeden Artikel, den Sie dazu finden können, jedes eBook zu diesem Thema. **Und wenn Sie fertig sind, lesen Sie es noch einmal.** Halten Sie sich dabei an jene, die eigene Erfolge vorweisen können – und kaufen Sie deren Bücher. Wahrscheinlich werden Sie nie wieder eine bessere Investition tätigen.

Alle Profis auf diesem Gebiet haben ihre eigene Sammlung von Klassikern zu diesen Themen.
Und wenn Sie sich die Bücher und Artikel der wirklich erfolgreichen Internet Unternehmer holen, dann werden Sie schnell die Auswirkungen auf Ihre Marketing Fähigkeiten feststellen.
Und auf Ihre Umsätze!
Mit Büchern und Artikeln wie denen, die Sie im Einsteigerclub finden, werden Sie unbegrenzten Nachschub an Ideen und Inspiration erhalten.

„Schlagzeilen"

Beginnen Sie nie damit, bevor Sie nicht Ihren USP festgelegt haben.

Investieren Sie zu Beginn 60-80% Ihrer Ideen und Anstrengungen in die Schlagzeile Ihrer Webseite.

Verarbeiten Sie den stärksten Verbrauchernutzen Ihres Produktes in der Schlagzeile.

Richten Sie Ihre Schlagzeile an Ihre Zielgruppe, wer immer das ist, also z.B. Computer Einsteiger, Väter, Mütter oder Opel Fahrer

Verwenden Sie diese starken „Abschluss" Worte, die von den Profis so erfolgreich eingesetzt werden.

Längere Headlines verkaufen besser als kürzere.

Seien Sie keiner dieser „Schlaumeier", die glauben, dass so genannte „blinde" Schlagzeilen (die noch nichts über das Produkt oder Angebot aussagen) einen Besucher dazu verführen, den Webseiten Text zu lesen, um herauszufinden, worum es da eigentlich geht. **Das macht kein Mensch, das ist dummes Zeug.**

Hüten Sie sich vor negativer Sprache in der Headline. „Unser Online Kurs braucht keine speziellen Vorkenntnisse" kann leicht fälschlich gelesen werden als: „Unser Online Kurs braucht spezielle Vorkenntnisse."

VERWENDEN SIE NIE NUR GROSSBUCHSTABEN IN IHRER HEADLINE. die sind schwierig zu lesen und noch schlechter zu 'scannen'.

Verwenden Sie „Anführungszeichen" in Ihrer Headline.

Aber keine Punkte am End der Headline

"Webseiten Text"

„Serif" Schrift wie zum Beispiel Times Roman liest sich leichter in einer Zeitung, „Sans Serif" wie diese Verdana Schrift ist für Webseiten besser geeignet.

Geben Sie eine Subheadline mit zwei oder drei Zeilen zwischen Headline und ersten Absatz.

Schreiben Sie so, als würden Sie Ihr Produkt einem Freund beschreiben, verwenden Sie eine Sprache, die er/sie auch verstehen.

Denken Sie an A.I.D.A.

Kommen Sie zum Punkt!

Ihr Webseiten Verkaufstext sollte so lange wie nötig sein, damit Sie Ihr vollständiges Verkaufsgespräch dort unterbringen können.

In den USA gibt es dafür den Spruch: "The more you tell, the more you sell – je mehr Sie erzählen, umso mehr werden Sie verkaufen".
Ihre Leser wollen Informationen, bevor sie eine Entscheidung treffen. Aber werden Sie nicht belehrend dabei, bleiben Sie aufregend und begeisternd.

Verwenden Sie große Anfangsbuchstaben zu Beginn des ersten Absatzes, das erregt Aufmerksamkeit und zieht einen Besucher in Ihren Text hinein.

Geben Sie immer einen Untertitel unter ein Bild oder unter eine Illustration. Leute mögen Bilder, sehen sich diese an, also nutzen Sie die Gelegenheit, um auch hier Ihre Botschaft zu verkaufen.

Die Aussagekraft und Wirkung von Testimonials – Empfehlungen – ist bekannt, nur wird sie im Web noch wenig genutzt.
Setzen sie Testimonials ein und Sie werden sehen, wie dann die Kontakte in die Höhe schnellen.

Wenn Sie selbst zu wenig Zeit, Erfahrung oder Lust für Werbung und Marketing im Internet haben, geben Sie das an einen guten Profi weiter, damit der Ihren Auftritt im Web verbessert.

Lassen "Sie viel freien Raum".

Vorsicht mit der Verwendung von **fett**. Zuviel bringt nichts, das lässt die Wirkung verpuffen.

Vorsicht auch mit Unterstreichungen, diese werden für Links verwendet, es kann daher sehr leicht zu Verwirrung kommen.

Verwenden Sie kurze Sätze.
Und Absätze.

VERWENDEN SIE NIE WEISSE SCHRIFT AUF DUNKLEM HINTERGRUND.
Auch wenn Sie das immer noch häufig zu sehen bekommen, das funktioniert nicht.
Das kostet den Leser viel zu viel Zeit.
Das höchste der Gefühle ist, dass Sie das einmal für eine spezielle Stelle auf Ihrer Seite verwenden, um eine besondere Aufmerksamkeit zu erzielen.
Aber setzen Sie dieses Gestaltungsmittel möglichst selten ein.

Verwenden Sie doppelte Abstände zwischen den einzelnen Absätzen, das lockert auf.

Setzen Sie nach einigen Absätzen immer wieder Untertitel ein.
Das lockert den Text auf, bringt Aufmerksamkeit und ist eine „optische Anlaufstelle" für Scanner.

Verwenden Sie immer die Rechschreibprüfung.

Setzen Sie Ihre Original Unterschrift ein.
Setzen Sie Ihren Namen ausgeschrieben darunter.

Wenn Sie eine Verkaufswebseite habe, verwenden Sie immer ein PS (Postskriptum)!

In Ihrem PS sollten Sie dann einen neuen, zusätzlichen Produktnutzen vorstellen oder einen früher verwendeten noch einmal verstärkt hervorheben.

Studieren Sie die Seiten der erfolgreichen Verkäufer im Netz, lernen Sie von deren Stil, von ihrer Wortwahl.

Legen Sie Ihr Geld in Wissen an.

Und nun werden Sie der nächste Bill Gates.
Dr. Gabriel

www.ingramcontent.com/pod-product-compliance
Lightning Source LLC
Chambersburg PA
CBHW030656220526
45463CB00005B/1794